開拓社叢書 35

依存文法概説

大矢政徳【著】

開拓社

目　次

第 I 部　理論編

第 II 部 応用編

第Ⅰ部

理 論 編

第1章

イントロダクション

現代の統語論では，文中の単語間依存関係に基づいて文の統語構造を説明する依存文法の枠組みに注目が集まっている．このような枠組みには，Functional Generative Description（Sgall, Hajičova and Panevová（1986）），Meaning-Text Theory（Mel'čuk（1988），Mel'čuk（2010）），Word Grammar（Hudson（2010）），Extensible Dependency Grammar（Debusmann, Duchier and Kruijff（2004），Debusmann and Kuhlmann（2010）），Stanford Dependency（de Marneffe and Manning（2008, 2016）），Universal Dependencies（Zeman et al.（2020））などが含まれる．依存文法枠組みにおけるこれらの潮流の源泉は，フランスの言語学者 Lucien Tesnière による *Éléments de syntaxe structural*（Tesnière（1959））である．Tesnière 以来提案されている様々な依存文法の枠組みに共通しているのは，文中の単語は同じ文中の別の単語と依存関係を必ず持ち，それが文全体では階層構造を形成している，という前提である．この理論編では，依存文法の代表的な理論のいくつかを紹介したのちに，それらを踏まえて，個別の理論的枠組みに左右されない，依存文法のエッセンスを抽出した単純な図式を提示する．

第 2 章

代表的な依存文法理論

この章では，これまでに提案された依存文法理論の中でも代表的なもの四つを取り上げ，その背景と内容を概観する．取り上げる依存文法理論は，Tesnière の依存文法（Tesnière（1959）），Functional Generative Description（Sgall, Hajičova and Panevová（1986）），Meaning-Text Theory（Mel'čuk（1988, 2003, 2004, 2009, 2011，その他）），そして Universal Dependencies[1] である．

2.1. Tesnière (1959) の ESS

2.1.1. はじめに

この節では，Tesnière（1959）の依存文法についてその概略を述べる．以下，記述を簡潔にすることを目的として，Tesnière（1959）で展開されている依存文法枠組みは，その題名 *Élemente de syntaxe structural* の頭文字から，ESS と表記する．ESS について日本語で書かれた研究には，

[1] https://universaldependencies.org/introduction.html（2022 年 5 月 27 日閲覧）

小泉（2007, 2009）がある．その理論的全貌についてはそれらを参照していただくこととし，ここでは Tesnière（1959）後の依存文法の出発点としても重要な概念である*結合*（仏：connéxion，英：connection）に注目し，結合の対象となる単語の品詞分類を概観した後，結合と並んで重要な三つの鍵概念である*結合価*（仏：valence，英：valency），*連接*（仏：jonction，英：junction），そして*転用*（仏：translation，英：transfer）について述べる．

2.1.2. 結合

ESS は，文中の単語間の依存関係をどのようなものとしてとらえていたのか．この疑問に答えるため，ここでは，小泉（2007）や Osborne and Kahane（2015），そして Oya（2014）を参考に，ESS が結合について説明している冒頭の数章に注目し，それらを適宜日本語へと翻訳しかつ再構成したうえで提示する．ところで，ESS は現代の英語による学術論文での章立てとは異なる構成をとっている．具体的には，Section と呼ばれるであろうレベルは Chapter と呼ばれ，この Chapter が §1，§2，… と分割されている．一つの § には複数の文が含まれている．この本では，例えば “Chapter 1, §1” は，「第 1 章第 1 節」と呼ぶこととする（章と節は Tesnière（1959）に準ずる）．

ESS では，結合の概念的背景として「… 結合概念とは，統語構造すべての基礎であり，その重要性を強調しすぎることはできない」（第 1 章第 11 節）とされている．この主張の根底にあるのは，「(文中の単語間の統語的関係，という意味での）結合は，思考の表現に必要不可欠である．この結合がなければ，考えのつながりを表現することはできず，単にバラバラなイメージやアイディアを次から次へと何の脈絡もなく話すことしかできないであろう」（第 1 章第 7 節）という洞察である．これを文の生成と理解との双方の側面から言い換えると，「文の生成とは，単語の雑然とした集まりに対して，それらを結合によって一つ（の文）にまとめ上げること」

（第 1 章第 9 節）であり，「... 文を理解するとは，様々な単語を（一つの文へと）まとめ上げている結合の総体を把握することである」（第 1 章第 10 節）．思考内容を伝達・共有可能にするための媒介としての文が単語間の結合によって形成される，という洞察が，ESS の出発点に据えられているのである．

さらに，この洞察は，「文とは，単語を構成要素とし，（結合によってそれらが）組織化された集合」（第 1 章第 2 節）であり，「一つの文を形成する個々の単語に関し，...（同一文中で）近く[2] にある単語[3] との間に結合が認識される．文中の単語，そしてそれらの間の結合の総体が，文の構造を形成する」（第 1 章第 3 節）という前提の上に立っている．

結合は，音声や文字で表現されている単語とは異なり，文を読む人や聞く人の「心の働き[4] によって認識されることが必要である」（第 1 章第 4 節），とされている．というのも，第 1 章第 10 節からも明らかなように，もしこの結合が認識されなければ，文は理解不可能になってしまうからである．このように，単語の用法，語形変化や，文中での語順といった音声や文字で知覚可能な要素のみを研究対象とするのではなく，文中での単語間の結合関係という理論的構成物も研究対象とした点に，ESS の独創性があったということができるであろう．文中の単語間の依存関係について触れた言語学者は Tesnière 以前にも存在したとされている（e.g., Percival (1990)）が，現代にいたる影響を与えているのは Tesnière の依存文法である．さらに，第 1 章第 4 節で，「この結合は，（単語とは異なり）音声や文字で表現されるものではない」，とされていたが，後述するように，第 1 章第 13 節では，説明をより明確にするために，単語間の結合関係という

---

2 Tesnière は，依存距離（dependency distance）については触れなかった．

3 小泉（2007）はこの表現を「隣接する語」としているが，隣接している単語同士が必ずしも結合関係にあるとは限らないので，このように表現した．

4 この部分の l’esprit がどのようなものであるのかについては Tesnière（1959）には説明がなされていない．一方，Osborne and Kahane (2015) では “the mind” と訳出されている．本書では，文脈から判断し，本文のように訳出した．

理論的構成物を，単語と単語を結ぶ線で視覚的に表現することが提案されている．

ESS では，単語間の結合関係の階層性が次のように説明されている．階層性という語が示唆するとおり，単語間の結合関係は主従関係であり，「原則として，（文中の単語間の）つながりは垂直的である」（第 2 章第 7 節）．この単語間の結合関係の階層性こそが「構造的統語論の研究対象である」（第 2 章第 6 節）としている．ここで，文中の単語の結合関係がなぜ垂直的なのかについては ESS は明確にはしていない．しかし，後述の連接関係（いわゆる並列）では，連接関係にある単語は同じ品詞に分類され，統語的に同じレベルにあるので水平に配置される（第 136 章第 1 節）としている．したがって，文中の単語の結合関係が垂直的であるのは，それらの単語が同じ品詞には分類されず，統語的に異なるレベルにあるから，と説明される．しかし，この説明では，結合関係にある異なる品詞の単語のどちらが主要語でどちらが従属語であるのかについてはまだ明確ではない．

この単語間の構造的結合は*依存関係*（仏：dépendance，英：dependency）と名付けられた（第 2 章第 1 節）．このような依存関係，すなわち垂直的な階層関係にある単語のうち，上にある単語は*主要語*（仏：régissant，英：governor），下にある単語は*従属語*（仏：subordonné，英：subordinate）と名付けられた（第 2 章第 2 節）．例えば，「アルフレッドが語る」という文では，「語る」が主要語で，「アルフレッドが」は従属語である」（第 2 章第 3 節）．そして，この文の統語構造は，「語る」と「アルフレッドが」が形作る依存関係，すなわち垂直的階層関係として次の図のように表現されるのである．

図 2.1：「アルフレッドが語る」の統語構造（図系[5] 1(Tesnière（1959: 14)）を参考に作成）

一つの結合関係は，主要語から従属語へ，または従属語から主要語へ，という二つの方向から捉えることが可能である．「従属語は主要語に*依存する*，と語ることで上位の結合関係が，主要語は従属語を*支配する*，と語ることで下位の結合関係が表現される」（第 2 章第 3 節）．

一つの従属語がさらに別の単語を従属語とすることで，依存関係の埋め込みは深くなる．「例えば，「私の友人が語る」では，「友人が」は「語る」の従属語であると同時に，「私の」の主要語でもある」（第 2 章第 3 節）．この例文の統語構造，すなわちこれらの単語が形成する依存関係は以下の図の通りである．

図 2.2：「私の友人が語る」の統語構造（図系 2(Tesnière（1959: 14)）を参考に作成）

Tesnière（1959）の第 3 章では，*結節*（仏：noeud，英：node）と*図系*（仏：stemma，英：stemma, or dependency structure）という ESS の重要な概念が紹介されている．まず，「従属語はただ一つの主要語に依存す

[5] 小泉（2007）では，Ternière（1959）での用語を図系と訳出しているので，本書もそれに従う．

る一方，主要語は複数の従属語を支配できる」（第 3 章第 1 節）．そして，結節とは「一つまたはそれ以上の従属語を支配する主要語」（第 3 章第 2 節）であり，中心的結節とは「一つの文のすべての従属語を支配する主要語」（第 3 章第 6 節）で，「多くの場合動詞が中心的結節だが，それ以外の品詞も中心的結節になりうる」（第 3 章第 7 節）．一つの文中で依存関係にある単語の結合関係を表現する線の集合が図系（または，依存構造）であり，これが結合関係の階層関係を表現する（第 3 章第 9 節）．例えば，Colorless green ideas sleep furiously[6]（Chomsky（1957））という文は，以下の依存構造で表現される．

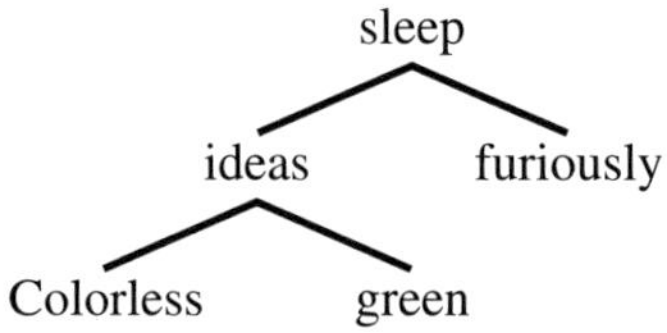

図 2.3："Colorless green ideas sleep furiously." の依存構造

この依存構造では，ESS による定義によれば，動詞 sleep が中心的結節である．このように，依存構造とは「抽象的概念の視覚的表現形式であり，これは文の構造的図系に他ならない」（第 3 章第 10 節）．

ここまでの内容を踏まえると，文中の単語間の依存関係とは，この「主要語と従属語とが線で結ばれ，階層関係にある」さまを図示したものに他ならない．そしてこれが，ESS において中心的な役割を果たすのみならず，これに続く様々な依存文法枠組みでの統語構造表記に継承されているのである．

ESS は，主要語と従属語の区別を，それらの機能の違いを念頭に置い

[6] これと同様に，構造的には適格だが意味を持たない文は，Tesnière（1959）も例文として提示し，統語構造と意味との関係に関し，これら 2 つを区別する必要がある（第 20 章第 1 節），という今日の生成文法的統語研究と共通する認識を有している（Osborne and Kahane（2015））．

て，次のように説明している．主要語は，様々な従属語との結合を一つにまとめる機能を果たしている（第 19 章第 5 節）．これを言い換えると，主要語と従属語との関係は一対多であり，一つの主要語に対しては複数の従属語が依存するが，一つの従属語が依存するのは一つの主要語のみである (cf. 第 3 章第 1 節)．この一方で，従属語はこの主要語との関連で果たす様々な機能を前提としている（第 19 章第 7 節）．一般に，構造は機能が存在する場合にのみ可能である（第 19 章第 8 節）ので，構造的統語論は同時に機能的統語論でもあり，構造的統語論とは文が*実際のコミュニケーションで利用可能であるため*[7] に必要な様々な機能についての研究である（第 19 章第 9 節）．

これと同時に，ESS では統語構造と意味との間には並列性があるとされている（第 21 章第 1 節）．より具体的には，「従属語の意味は，それが依存している主要語の意味に関係している」[8]（第 21 章第 4 節）．この点を，名詞句 "some brilliant ideas" を例として考えてみる．この名詞句中の主要語は名詞の ideas で，従属語は決定詞の some と形容詞の brilliant である．前述の通り，主要語の ideas が依存構造中では上位に，従属語の some と brilliant は下位に配置される．some が idea との関係で果たす機能と，brilliant が ideas との関係で果たす機能とは異なっている（cf. 第 19 章第 7 節）が，それらを主要語 ideas は一つにまとめているのである（cf. 第 19 章第 8 節）．いわば，「主要語と従属語の構造的結合は，主要語から従属語へのトップダウンである」（第 21 章第 5 節）．その一方で，「意味的影

---

[7] 当該箇所の原文は ≪…elle（＝la syntaxe structural）aura essentiellement à étudier les différentes fonctions nécessaires à *la vie de la phrase.*≫であり，この "la vie de la phrase"を小泉（2007）は「文の生命」と直訳しているが，文脈を勘案し，本文のように訳出した．

[8] 小泉（2007）は，当該箇所の原文 ≪Le sens du subordonné porte sur celui du régissant dont il depend.≫ 中の "porte sur" を「… に影響を与える」と訳出しているが，形容詞の意味がその依存先の名詞の意味に影響を与えるというより，前者が後者に関係している，と考えるのがより適切であるため，本文のように訳出した．

響は従属語から主要語へとボトムアップに作用する」(第21章第6節). このような単語間の構造的結合(依存)関係と，意味的関係との方向の違いという問題は，「どの単語間に依存関係があるか」と「依存関係にある単語間で，どちらが主要語でどちらが従属語か」を決定する問題と関連していることをここで指摘したい. この問題については後述することとする.

この節では，ESS における文中の単語間の結合概念，そしてそれら結合関係が作り出す統語依存構造の概略を紹介した. 次節では，ESS の品詞分類カテゴリと，それを含んだ抽象的構造について説明する.

2.1.3. 品詞分類と抽象的構造

ESS では，単語を実辞と虚辞に分類している (第28章第1節). 実辞とは，いわゆる内容語であり，虚辞とは機能語であるが (第28章2-3節)，虚辞には冠詞や前置詞が含まれる (第28章4節，18節) 一方で，代名詞は実辞に分類される. 虚辞は，後述する連接辞と転用体も含む (第39章，第40章).[9]

実辞は，実詞 (いわゆる名詞)，形容詞，動詞，そして副詞に分類され，具体―抽象の軸と，実体―過程の軸に沿って以下のように整理される (第32章21節).

表2.1：ESS での実辞分類

	実体	過程
具体	実詞 (名詞)	動詞
抽象	形容詞	副詞

(Tesnière (1959: 63) を基に作成)

実詞は O，形容詞は A，動詞は I，そして副詞は E で表現される (第

[9] 「連接を表示するための語を連接辞 (仏：jonctif，英：junctive)，転用を表示するための語を転用体 (仏：translatif，英：translative) と呼ぶ」(第134章第5節).

33 章第 2 節）．これはエスペラントで各品詞を表現する接尾辞に準じている（第 33 章第 3 節）．[10] これら 4 つのシンボルを使うと，文中の単語を含む依存構造よりも抽象度の高い依存構造を表現することができる．これを記号的依存構造（symbolic stemma）という（第 33 章第 8 節）．例えば，Colorless green ideas sleep furiously と，Innocent young children sleep peacefully は，同じ記号的依存構造を共有している．

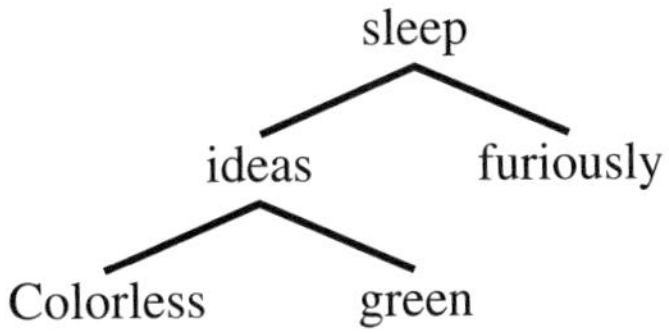

図 2.4：“Colorless green ideas sleep furiously.” の依存構造（再掲）

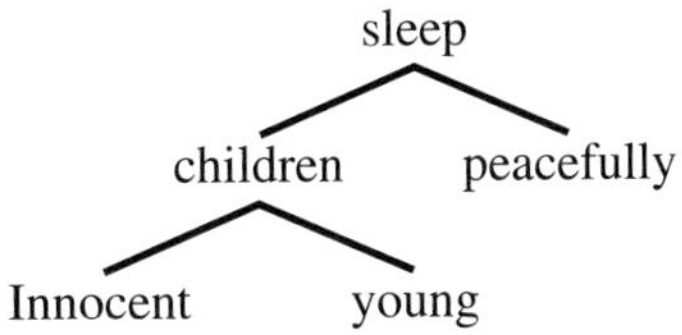

図 2.5：“Innocent young children sleep peacefully.” の依存構造

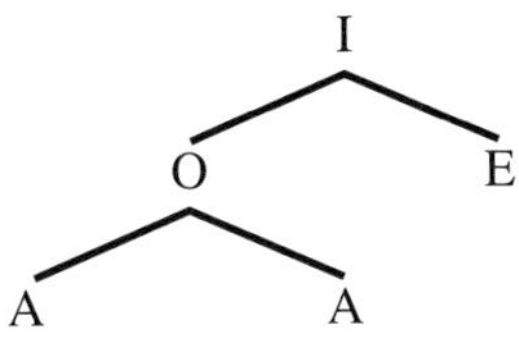

図 2.6：記号的依存構造（図系 44（Tesnière（1959: 64））を基に作成）

一般に，動詞に対しては名詞または副詞が，名詞に対しては形容詞が依

[10] エスペラントでは例えば，名詞 ludo（遊び）の語尾を変えて ludi とすれば動詞となり，この現在分詞形は ludanta で形容詞として使われ，ludante とすれば副詞として使われる．これら以外にも，名詞は全て -o，動詞は -i，形容詞は -a，そして副詞は全て -e で終わる．

存可能である．上記の記号的依存構造には含まれていないが，形容詞に対しては副詞が，副詞に対しては別の副詞が依存可能である．[11] このように，記号的依存構造を利用することで，無数の文をより一般的な形式で表現された文へと置き換えて，文法上の問題を一般化することが可能になる（第 33 章第 11 節）．

2.1.4. 結合価

この節では，ESS の*結合価*（仏：valence，英：valency）概念を概説する．結合価とは，動詞に代表される述語が必要とする項の最大値である．一般に，この結合価について最初に提唱したのが Tesnière（1959）である，とされ，彼が統語論にもたらした貢献として最も広く知られている概念である（Osborne and Kahane（2015: xlvii））．

ESS では，文が成立するために述語が必要とする名詞を*行為項*（仏，英：actant），必要としない語句を*状況項*（仏：circonstant，英：circumstante）と呼んでいる（第 48 章第 2 節）．主語や目的語，補部は行為項，それ以外の前置詞句や副詞句などは状況項に大別される．そして，動詞には行為項を取らない動詞（例：It rains），行為項を一つとる一項動詞（いわゆる自動詞），[12] 二つとる二項動詞（他動詞），そして三つとる三項動詞（授与動詞）がある，とした（第 97 章第 1 節）．

例えば，いわゆる他動詞は，以下の一般的な依存木として表現される．この依存木では，動詞 Verb に二つの名詞 Noun 1 と Noun 2 が依存している．ESS の術語によれば，この場合の Noun 1 は第一行為項（1st actant），Noun 2 は第二行為項（2nd actant）と呼ばれる（第 97 章第 2 節）．

---

[11] この性質は，後述する転用概念の前提となっている（2.1.6 節を参照）．

[12]「行為項を一つだけ支配するように思われる動詞」すなわち自動詞に関して，ESS はいわゆる非能格自動詞（unaccusative verbs）と非対格自動詞（unergative verbs）（Burzio（1986），Perlmutter（1978），鈴木・安井（1994），高見・久野（2002）等）との区別については述べていない．

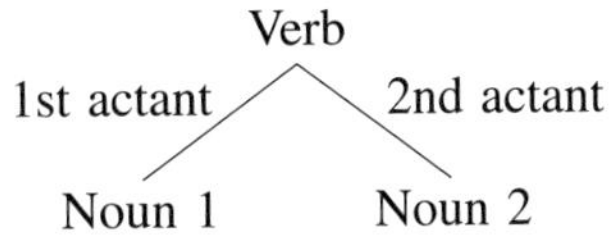

図 2.7：他動詞の一般的図系

動詞の結合価がすべて満たされている必要はなく，そのような意味で，ESS は結合価が「未使用」または「自由」でありうる，としている（第 97 章第 5 節）．例えば，他動詞の直接目的語が省略されているような場合，この動詞の第二行為項は未使用または自由である．しかし，この動詞が 2 項動詞であることには変わりなく，動詞の結合価が一つ少なくなった，とは考えない．これを上記の図式と関連付けて表現すると，以下のとおりである．第二行為項は語彙によっては表現されてはいないが，依存構造としてはこの動詞は 2 項動詞であることには変わりがない．

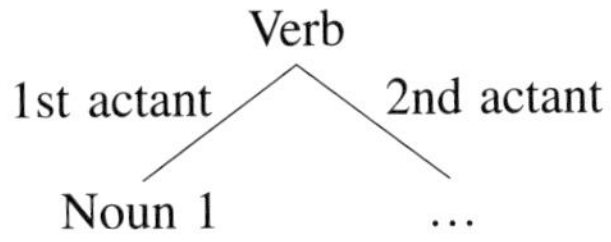

図 2.8：他動詞の一般的図系（第二行為項が未使用の場合）

「未使用」または「自由」な結合価がある場合とは異なり，動詞の結合価そのものが一つ少なくなる場合を，ESS は後退態質（仏：diathèse récessive，英：recessive diathesis）と呼んでいる[13]（第 107 章第 9 節）．例えば英語では，形態が同一であるにもかかわらず，二つの行為項をとる用法と一つの行為項のみをとる用法を持ち，これら二つの用法で意味が異なっている動詞がある（第 117 章第 2 節）．そのような動詞として get や open などがある．さらに，再帰代名詞の使用（第 115 章）や受動態化（第 116 章）も後退態質に分類される．後退態質を図式化すると，以下のとおりである．

[13] 後退態質という訳語は，小泉（2007）による．

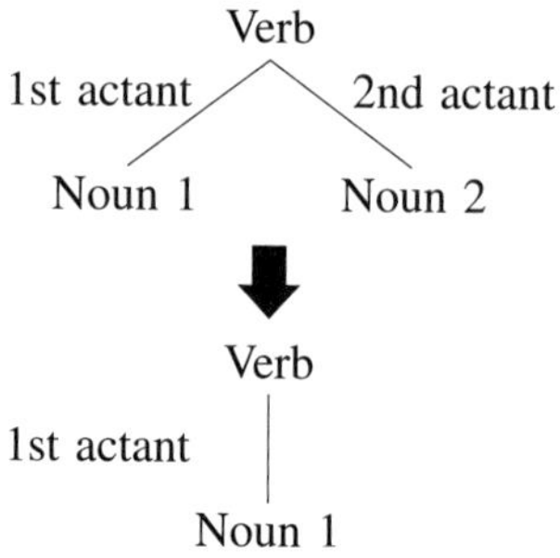

図 2.9：後退態質の図系

これとは対照的に，動詞の結合価そのものが一つ増える場合を，ESS は使役態質（仏：diathèse causative，英：causative diathesis）と呼んでいる[14]（第 107 章第 8 節）．一項動詞から二項動詞への使役態質を図式化すると，以下のとおりであり，これは後退態質とは逆方向の変化である．

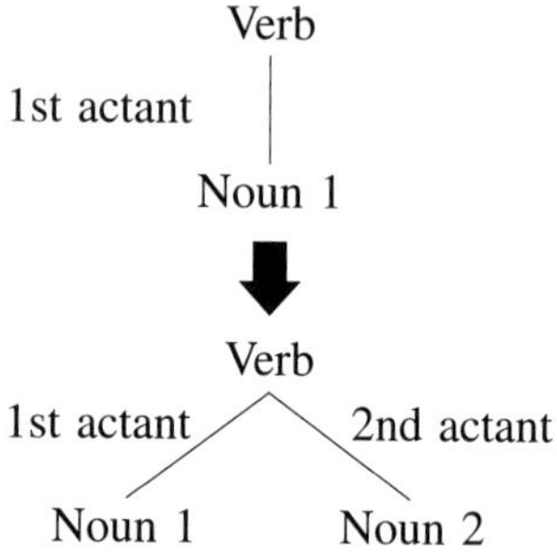

図 2.10：一項動詞から二項動詞への使役態質の図系

そして，二項動詞から三項動詞への使役態質は，以下のように図式化される．

[14] 使役態質という訳語は，小泉（2007）による．

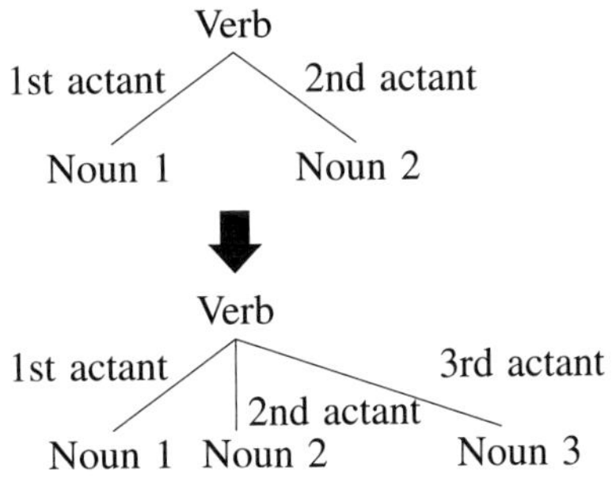

図 2.11：二項動詞から三項動詞への使役態質の図系

これはいわゆる使役化であり，共通した動作を表現する 1 項動詞と 2 項動詞のペア（例：John saw the picture → Charles showed John the picture）（第 107 章），使役動詞を利用するなど，別の単語を追加して分析的に表現される場合[15]（例：John saw the picture → Charles made John see the picture）（第 112 章），形態素によって総合的に表現される場合（例：lie and lay; I lay on the ground → He laid me on the ground）（第 113 章）があり，そして英語では動詞結合価の増加が別の単語によっても動詞形態によっても表現されないことが多い（第 114 章第 3 節）．この点に関しては，第 117 章第 2 節でも指摘されている．しかしこの場合，どの形態からどの形態が派生したのかが曖昧であり，2 項動詞が 1 項動詞になったのか，それとも 1 項動詞が 2 項動詞になるのか，という問題についてはESS は述べていない．

ESS が提唱した結合価概念では，「文が成立する」とはどのような意味なのか，そして，「述語が必要とする」とはどのような意味なのか，この

---

[15] ESS では，この場合の例として faire を使った使役構文を取り上げており，faire が助動詞的に本動詞に伴い，この本動詞の結合価を増加させる，といった方向で説明している．例えば，《Alfred apprend la grammaire》Alfred learns grammar は，《Charles fait apprendre la grammaire à Alfred》Charles makes Alfred learn grammar/Charles teachers grammar to Alfred となる．このような例に対して，ESS では「2 項動詞の apprendre が 3 項動詞の faire apprendre になる」（第 108 章第 5 節）と説明している．

論点が明確にはなっていない点を指摘しなければならない．そして，これは往々にして主観的な判断に基づくものである．

例えば，以下の例文を見てみよう．

(1) Peter put a book on the desk.

(2) Peter met Grace in the park.

小泉 (2008) では，(1) の文の前置詞句は文が成立するために必要な行為項であり，(2) の文の前置詞句は文が成立するために必要ではない状況項である，とされている．その説明の際に，動詞 put では「置く場所」も必要な要素であり，動詞 put は「置く人」,「置くもの」, そして「置く場所」を必要とする 3 項動詞である，とし，一方で動詞 meet は「会う人」とその相手を必要とする 2 項動詞である，としている．

しかし，動詞の結合価数は場合によっては可変的である．というのも，個々の動詞の結合価は，その動詞が使用されている文脈または話し手・書き手の判断に応じて変更可能であるように思われるからである．上記の例文でいえば，文 (2) が "Where did Peter meet Grace?" という疑問文に対する回答である，という文脈においては，前置詞 "in the park" は文脈的に必須の語句である．つまりこの場合，前置詞 "in the park" は，文が成立するために述語が必要としているわけではなく，メッセージが伝わるために文脈が必要としている，と考えるのが妥当である．

この点に関して ESS は文が成立するかどうかの基準として結合価を提案したわけではないことを指摘したい．結合価の概念を紹介している部分において，Tesnière (1959) は次のように述べている．「… 話し手は，行為項を一つだけ支配するように思われる動詞を，行為項を二つまたは三つ支配するように思われる動詞と同じようには知覚しない．さらに，行為項をとらない動詞と同じようには知覚しない (第 97 章第 2 節)」

「同じようには知覚しない」, 英語で言えば "not perceive … in the same manner" (Osborne and Kahane (2015)) という表現が示唆しているの

は，「話し手・書き手は動詞がとりうる行為項の数に基づいて動詞を分類している」，といった話し手・書き手の心的過程についての主観的推察を述べているのみであり，文が文法的に正しいかどうかの基準として結合価を捉えている，といった解釈はこの記述からは得られない．

前述の通り，ESS は「動詞の結合価がすべて満たされている必要はない」（第 97 章第 5 節）としている．しかし，どのような場合に結合価がすべて満たされている必要はないのかについては明確には述べていない．そして，結合価がすべて満たされてはいない場合（例えば，行為項を二つとる動詞が実際の発話で行為項を一つしかとっていない場合）と，前述の「行為項を一つだけ支配するように思われる動詞」とを，話し手は同じようには知覚しないのかどうかについても，ESS では明確には述べられていない．

このような点は指摘せねばならないが，結合価概念は，確かに自然言語の文法的知識の一端を指摘していると言え，現代の統語理論とも共通する側面がある．次節では，文構造を単純なものから複雑なものへと変化させる操作の一つである連接について述べる．

2.1.5.　連接

ESS では，単純な依存木が組み合わさって複雑な依存構造が構成されていく現象として，*連接*（仏 : jonction，英 : junction）と*転用*（仏 : translation，英 : transfer）について説明している．この節では連接について説明し，転用については次節で説明する．連接とは，より身近な術語では等位接続として表現される現象である．「連接は，同じ性質の節点を相互に付加することである．そこで，文は新しい要素で大きくなり，広がりを増し，これによりさらに長くなる」（第 134 章第 3 節）．

連接を含む例文と，その依存構造は以下のとおりである．

(3)　John and Sarah read the book.

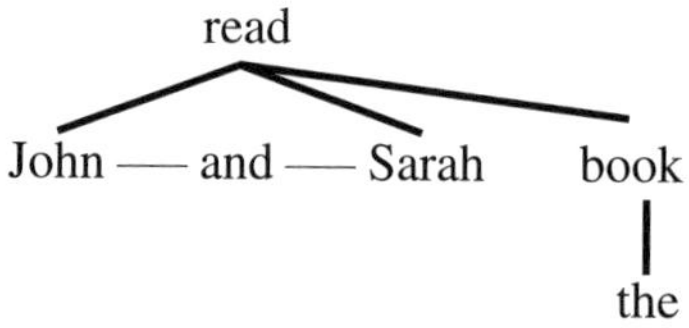

図 2.12："John and Sarah read the book" の図系（図系 250（Tesnière (1959: 339)）を基に作成）

ESS では，「連接の視覚的表現の原則は，連接関係にある要素同士を線で結ぶことであり，この線を連接線と呼ぶ」（第 136 章第 1 節）．さらに，and は連接辞と呼ばれる．上記の依存木では，John と Sarah が連接線で結ばれている．ここで，連接関係にある John と Sarah の水平的配置が，結合関係にある John と read，Sarah と read との垂直的配置（cf. 第 2 章第 7 節）と対照的である点を指摘したい．この点については，「二つの結節は，それらが同じ性質であるという条件，すなわち構造上同じレベルに表現されるという条件が満たされた場合にのみ連接されうる．したがって，連接関係にある結節は，水平に配置される」（第 136 章第 2 節）と ESS は述べている．これはつまり，連接つまり等位接続されうる要素は同一品詞である，という重要な性質を依存構造の形式で表現していることに他ならない．従って，連接関係を結べるのは行為項の間（例：***John*** and ***Sara*** read the book），状況項の間（例：John read the book **completely** and **quickly**），動詞の間（例：John has **borrowed** the book from Sarah and **read** it），そして形容詞の間（例：John has **interesting** and **instructive** books）であり（第 136 章第 9 節），異なる品詞の要素間には連接関係は結ばれない．

ところで，動詞 read は第一行為項と第二行為項をとる 2 項動詞であるが，上記の依存構造では，第一行為項が二つ存在するように見える．この点に関し，ESS は「行為項の二重化（英：duplication）が生じている」（第 135 章第 2 節）としており，前述の「結合価が一つ増加する」現象とは別の現象として取り扱っている．さらに，上記例文のように第一行為項が二重化された連接関係にある場合，「... この文は二つの第一行為項がある」（第 135 章第 3 節）としている．このような連接表記法は，Tesnière (1959) 以後の依存文法枠組みで等位接続を取り扱う場合には採用されていないため，ESS に独自の表記法であるといえる．ESS 以後の依存文法枠組みで等位接続の取り扱いについてはそれぞれの節に譲る．

ESS では連接の構造を主要語と従属語のどちらが連接関係にあるかに従って三つのパターンに分類している（第 143 章第 3 節）．第一に，二つ（あるいはそれ以上）の従属語が一つの主要語に依存している場合であり（第 143 章第 4 節），これはすでに述べた．第二に，二つ（あるいはそれ以上）の主要語に対して一つの従属語が依存している場合である（第 143 章第 6 節）．そして第三に，一つの主要語に二つ（あるいはそれ以上）の従属語が依存していて，さらにそれら複数の従属語に対して一つの従属語が依存している構造である（第 143 章第 7 節）．

二つ（あるいはそれ以上）の主要語に対して一つの従属語が依存している場合の例文とその依存構造は以下のとおりである．

(4)　Sarah sings and dances.

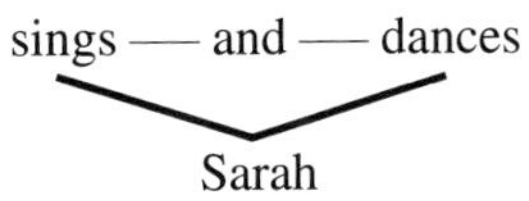

図 2.13 : “Sarah sings and dances” の図系（図系 254（Tesnière (1959: 340)）を基に作成）

この構造は，前述の「従属語はただ一つの主要語に依存する一方，主要語は複数の従属語を支配できる」（第 3 章第 1 節）という条件と矛盾しているように思われるが，この矛盾については ESS は何も述べていない．

これら三つのパターンは，さらに組み合わされる可能性があり（第 143 章第 8 節），ESS はそれらのいくつかを列挙している．例えば，一つの主要語に二つ（あるいはそれ以上）の従属語が依存していて，さらにそれら複数の従属語に対して一つの従属語が依存している（，と分析可能な）例文とその依存構造全体は以下のとおりである．

(5)　Sarah buys new books and folders.

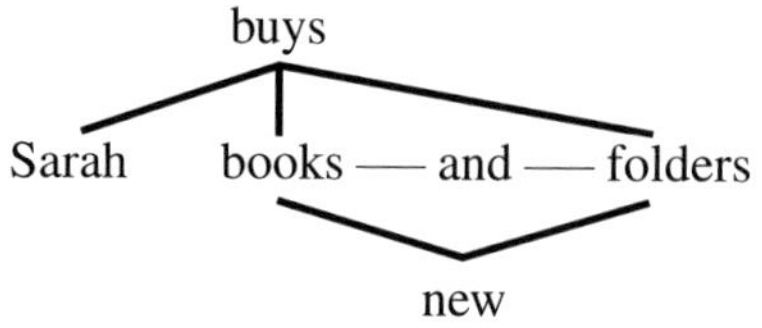

図 2.14：“Sarah buys new books and folders” の図系（図系 255（Tesnière（1959: 340））を基に作成）

しかしこのような場合，形容詞 new は book のみを修飾し，folder は修飾しない，という分析も可能ではあるが，この点についても ESS は何も述べていない．

他動詞が連接され，それらが第一行為項と第二行為項（さらに第三行為項や状況項）を共有する場合もある（第 143 章第 10 節）．そのような例文とその依存構造は以下のとおりである．

(6)　John and Sarah bought new books and folders.

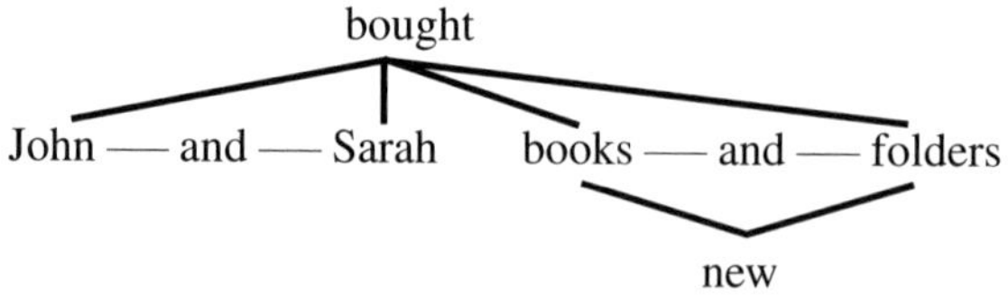

図 2.15：“John and Sarah bought new books and folders” の図系（図系 255, 256（Tesnière（1959: 340–341））を基に作成）

さらに，二つの第一行為項を共有する自動詞が，複数の自動詞と連接し，これらが一つの第一行為項を共有する場合もある（第 143 章第 11 節）．そのような例文とその依存構造は以下の通り．

(7)　John and Joseph work and Sarah sings and dances.

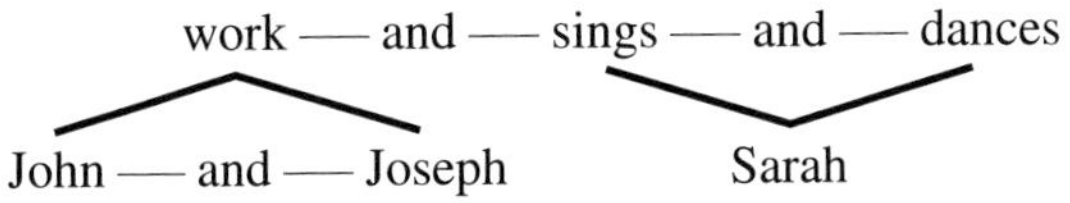

図 2.16：John and Joseph work and Sarah sings and dances の図系（図系 258（Tesnière（1959: 341））を基に作成）

このように，ESS の連接概念による並列構造の分析は，次の二つの点で問題をはらんでいる．

(a)　行為項が連接している場合，二つ以上の第一行為項が同一の動詞に依存している場合や，二つ以上の第二行為項が同一の動詞に依存している場合など，動詞結合価によって指定された最大数を超えた行為項が動詞に依存する結果となり，これは結合価概念と矛盾している．

(b)　一つの従属語が二つ以上の主要語に依存する場合は，「従属語はただ一つの主要語に依存する一方，主要語は複数の従属語を支配できる」（第 3 章第 1 節）という条件と矛盾している．

これらの矛盾を解消するには，動詞に依存する行為項の上限は決まっている，という結合価概念や，従属語は唯一の主要語に依存する，という結合概念と齟齬のない形で並列構造を表現する必要がある．ESS 以降の依存文法枠組みではいくつかの方法がとられているが，その詳細は後述するとし，次節では依存構造を複雑化するもう一つの現象である転用について説明する．

2.1.6. 転用

2.1.6.1. ESS による転用概念

転用（Transfer）は，前節で述べた連接と並んで，単純な依存構造を複雑化する現象であり，ある単語がほかの単語に依存する際に，本来の品詞とは異なった品詞として使われる現象である（第 134 章第 4 節）．したがって，転用は，連接と同様に，単文を複雑にさせる現象の一つである（第 151 章第 1 節）．

例えば，名詞 A が前置詞を伴って前置詞句を作り，これが別の名詞 B に依存している場合，この前置詞は名詞 A を名詞 B に対する形容詞へと転用している．この前置詞は名詞 A の統語的性格を変化させたのである（第 134 章第 18 節）．

転用の概念は，ある品詞分類に属する単語に対して依存可能な単語の品詞分類は決まっている，という洞察を前提としている．ESS では，単語は四つの品詞に分類され（動詞，名詞，形容詞，副詞）（第 32 章 21 節），動詞に対しては名詞または副詞が，名詞に対しては形容詞が依存可能である．

このような前提条件の下，転用は次の二つの役割を果たす．(a) ある単語を，件の前提に従えば本来は依存不可能な単語に対して依存可能にするために，その単語の品詞を変更すること．そのような転用例として，動詞 A に対して別の動詞 B が動名詞として依存し，動詞 A の結合価を満たす場合がある．(b) 所与の単語が別の単語に依存可能である場合に，あえて別の品詞として依存すること．そのような転用例として，名詞に対して関係代名詞節で依存する動詞を，分詞形すなわち形容詞として依存するように転用する場合がある．

上記 (a) の例として，前置詞とその目的語である名詞との関係を，ESS は次のように説明している．まず，以下のような名詞句中における前置詞句に注目する．

(8)　le livre de Pierre ‘the book of Pierre’（第 151 章第 7 節）

(9)　le train de Paris ‘the train to/from Paris’（第 151 章第 11 節）

これらの名詞句では，前置詞句は実詞，すなわち名詞に対して依存している．名詞が主要語で，前置詞句は従属部である．ESS では，この関係を，前置詞句は形容詞として名詞に依存している，としているのである（第 151 章第 17 節）．ここで，前置詞が名詞に対してどのような役割を果たしているのかについて，ESS では，前置詞 de は，名詞に先行することによって，この名詞が別の名詞に依存する際に形容詞として機能することを可能にしているのであり，ここに，名詞から形容詞の転用が生じている，としている（第 151 章第 8 節）．

ESS では，転用関係を視覚的に表現する図式を紹介している．例えば，前置詞句を含む名詞句 ‘the book of my friend’ は次のように表現される．

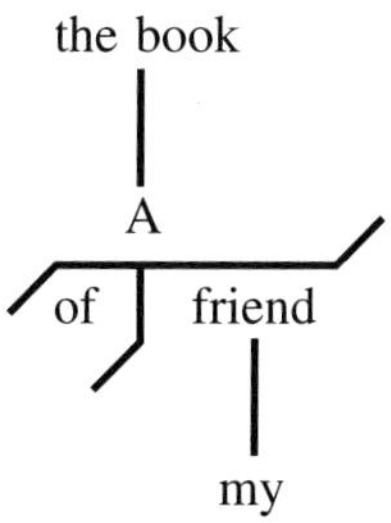

図 2.17：図系 281（Tesnière（1959: 第 156 章第 3 節））

この図式では，前置詞 of が名詞 friend を形容詞に転用し，前置詞句 of my friend が形容詞的に名詞句 the book へと依存していることが表現されている．ここで，of は転用体と呼ばれる．このような名詞から形容詞への転用をより抽象的に表現した図式は以下のとおりである（第 155 章第 14 節）．

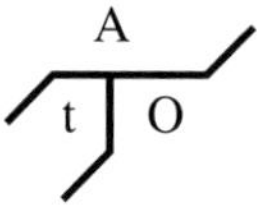

図 2.18：名詞から形容詞への転用を抽象的に表現した図系

ESS は，転用によって「構造的レベルと意味的レベルの独立性」（第 20 章第 17 節）が保たれる（第 153 章第 7 節）と述べているが，この点の詳細についてはこれ以上述べてはいない．

ここでは転用例の一覧を以下に示す．[16]

表 2.2：転用例の一覧

		転用後の品詞		
		名詞	形容詞	副詞
転用前の品詞	名詞		前置詞，所有格（'s），接尾辞（-y）	前置詞，副詞的用法
	形容詞	接尾辞(-ness)		接尾辞（-ly）
	副詞	名詞的用法	形容詞的用法	
	動詞	不定詞，動名詞	分詞の形容詞的用法	分詞＋接尾辞(-ly)

（Tesnière（1959）の第 176 章第 8 節の表を基に作成）

2.1.6.2.　転用概念がはらむ問題

小泉（2009）は，ESS に基づき，転用が「結合価文法（依存文法の別名）における重要な文法的処理方法である」と述べて，転用の例を豊富に例示している．それらすべての説明は小泉（2009）に譲ることとし，ここで特

[16] これらの転用例と並んで，すべての品詞分類の単語は，言語学的言説においてはすべて名詞として使用可能である．例えば，ある単語の用法について語る場合，必然的にその単語を主語とする次のような文が使用される．

に前置詞による名詞から形容詞への転用と，不定詞による動詞から名詞への転用に注目し，それらがはらむ問題点を指摘したい．

「転用体である前置詞によって名詞が形容詞へと転用されて名詞に依存する」という分析は，ESS 独自の分析であり，後に続く依存文法の理論的枠組みで共有されている分析ではない．例えば，後述の Functional-Generative Description では前置詞は名詞とその他の依存関係の種類を指定する素性として取り扱われる（詳細は後述）．

これと同様の問題は，動詞から名詞への転用と助動詞との関係でも生じる．ESS によれば，助動詞は2項動詞である．第一項はいわゆる主語名詞であり，第二項は不定形（原形不定詞または to 不定詞）という転用体によって名詞へと転用された動詞である．この関係は以下の依存構造で表現される．

(10)　Sarah can swim.

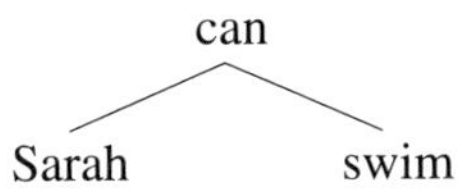

図 1.19："Sarah can swim" の依存構造

しかしながら，このような「助動詞が主要語で不定詞が従属語」という依存関係の方向は，前置詞と名詞との依存関係と同様に，依存文法の様々な理論的枠組みで採用されているわけではない．例えば，後述する Universal Dependencies では，「不定詞が主要語で助動詞が従属語」という依存方向を採用している（詳細は後述）．

(i)　This "certainly" should be put at the beginning of the sentence.

または，ある文脈においてある単語を使用するのが望ましいことを説明する場合には，その単語は動詞 use の目的語として現れる．

(ii)　You can use "certainly" as a polite reply to an order.

これらは言語学的言説における転用の例として取り扱うことが可能である．

このように，機能語である前置詞や助動詞は，異なる依存文法理論枠組みで異なる取り扱いを受けている．ここで，どちらの依存方向が正しく自然言語の文法的知識を表現しているのかを解明するという議論の方向性もありうるが，ここではこの問題に結論を出すことは避け，依存関係における機能語の扱いの違いは，機能語が文中で果たしている文法的機能をどのように依存構造に反映させるか，そして理論内での一貫性を保つか，という問題に対するアプローチの違いであり，どれが優れているかを一概に決定することはできない，とする．

2.1.6.3.　転用概念の意義

ここまでで転用概念について紹介したが，そもそも転用とはいったいどのような役割を果たしているのであろうか．ESS は，転用の役割について次のように述べている．「転用は，話し手がある構造を持つ文を話し始めたのち，その話の途中で，すでに話した単語に対して直接的には連結不可能なカテゴリに属する単語を使わなければならない際に生じる困難を解消する，という効果を持っている（しかしこれは目的ではない）」（第 153 章第 1 節，下線部は筆者による）．例えば，すでに話した動詞 A の目的語として何らかの動作を表す動詞 B を使用したい場合，そのままでは動詞 B を動詞 A に依存させることは不可能（動詞に依存できるのは名詞または副詞）なので，あるいは to 不定詞として，または動名詞の形で動詞 B を動詞 A に依存させるのである．この言明が暗黙の裡に前提しているのは，話し手は文を発話する際にすでにその文の依存構造を想定していて，それに対して単語を追加していく，という形で文をさらに複雑化する，という過程である．このような形で，「動詞に依存できるのは名詞または副詞，名詞に依存できるのは形容詞」という依存関係上の制限の枠内で，単語間の依存関係をより自由に実現するための手段が転用なのであり，ESS は転用が「自然言語の本質的な特徴」（第 153 章第 13 節）である，と述べている．

ESS による転用の概念は，後に続く依存文法枠組みにおいては直接的には継承されず，依存タイプとして表現されていることが多い．これはある単語と別の単語との依存関係を，別の単語間の依存関係と区別することを目的として，各依存関係をその主要語と依存語の種類に応じてタイプ分けしたものである．依存タイプの詳細については，後述する依存文法枠組みの説明において取り上げるが，その根底にあるのは「動詞に依存できるのは名詞または副詞，名詞に依存できるのは形容詞」という自然言語の品詞分類の基本的条件であり，ESS による転用概念は，その後の依存文法枠組みによる依存タイプ概念の先駆けとなる概念である．

2.2.7. まとめ

この節では，Tesnière (1959) の依存文法を，その出発点，結合価，そして転用の観点に焦点を当てて手短に概説した．Tesnière の提案はその後の依存文法に大きな影響を与えたことは確かだが，その依存関係の概念には，いくつかの疑問が残る．例えば，どの単語が主要語として機能し，どの単語が従属語として機能するかを決定する原則については触れていない．さらに，文中の単語間の依存関係のタイプ分けについては，行為項と状況項といった区別，または品詞の 4 分割にとどまり，ごく簡単にしか触れていない．さらに，依存関係の概念は言語の普遍的な特徴なのかについても触れていない．このような限界もあるものの，ESS が切り開いた「依存文法」の概念は広くかつ深いものであり，その後に続く様々な文法研究に影響を与えている．次節以降はそれらの文法研究のいくつかを取り上げる．特に，記述の一貫性を保つため，ESS の提案した結合，結合価，連接，そして転用の 4 概念がどのように各枠組みで表現されているのかに適宜焦点を当てることとする．

2.2. Functional Generative Description

2.2.1. はじめに

この節では，言語の機能生成記述（the Functional Generative Description, FGD）による統語構造の表現形式に焦点を絞り，その概略を述べる．特に，ESSにおける主要概念である単語間の階層的結合関係，転用，結合価そして連接といった概念が，FDGにおいてどのように表現されているのかに注目する．より詳細で包括的なFDGの表現形式については，Sgall et al. (1986)，Hajičová (2007)，Petkevič (1995) 等を参照されたい．

2.2.2. 背景

FDGとは，プラハの数学的言語学研究グループによって発達された，自然言語の記述体系である（Hajičová (2007)，Petkevič (1995)，Sgall et al. (1986)，Sgall et al. (1969)）．Sgall et al. (1969) は，Chomskyの統語論を視野に入れながら，それとは異なる方法で，個別言語の文法的な文を形式的に定義づける記述を試みた．その後，プラハ言語学派の潮流の中，いわゆるChomsky流の変形生成文法への対案として，特にMathesiusによる機能言語学に影響を受けて発達した（飯島 (1973)）．FGDは，チェコ語文に依存構造その他のタグを付与したコーパスであるPrague Dependency Treebank 3.0 (PDT 3.0)（Bejček et al. (2013)）や，チェコ語と英語のパラレルコーパスであるThe Prague Czech-English Dependency Treebank 2.0 (PCEDT 2.0)（Cuřín et al. (2004)）のタグ付けの理論的背景として応用されている．

FGDで最も注目すべき特徴は，文構造を複数のレベル（multiple layers）で表現している点にある．これは，後述するMeanin-Text Theoryやその他の文法理論，例えば語彙機能文法（Lexical-Functional Grammar, LFG）（Bresnan (1982)）でも取り入れられている表現形式である．

例えば，前述の PDT 3.0 では，文は三つの層（layers）のタグが付与されている．その三つとは，形態的層（morphological layer），分析的層（analytical layer），そして意味的層（tectogrammatical[17] layer）である．

複数のレベルの一つである意味的層にトピックとフォーカスの区別（Topic-Focus Articulation, TFA）の記述を組み込んでいる，という点も FGD の特徴である（Hajičová (2007)，Petkevič (1995)，Sgall et al. (1986)）．トピックとフォーカスへの注目は ESS では注目されてはいなかったものであり，FGD はトピックとフォーカスの区別を言語の形式的記述へ導入することを最初に提案したのだが，これはこの区別を構造主義言語学の枠組みの中で体系的に取り扱ったプラハ学派言語学の伝統を引き継ぐものであった（Hajičová (2007)）．

次節以降，FDG の概要を ESS との類似点・相違点を適宜指摘しつつ紹介したのち，FDG の最大の特徴であるトピックとフォーカスの区別（Hajičová (1984, 2007, 2012, 2019)，Hajičová and Mírovský (2018)，Hajičová, Partee and Sgall (1998)，Sgall et al. (1986)，etc.）を概観する．

2.2.3.　FDG の表現形式の概略

FGD と ESS との類似点としてまず指摘すべきは，双方に共通する階層性である．Sgall et al. (1986) によれば，FGD は階層的体系である．ここで言う階層的体系とは，まさに ESS が提案した文中の単語間の結合関係の階層性と同義であり，文構造の意味的層での表現形式は，依存構造として定義づけられている．この構造の最上部には，ESS の場合と同様に，動詞が置かれている．依存構造中の結節点は文中の内容語である．一方で，文中の機能語や文法的形態素は，結節点や結節点を結ぶ辺がもつ素性として表現される．これは，前置詞それ自体は別の単語に依存するのではなく，転用体として名詞を形容詞として名詞に依存可能にするか，また

[17] この “tectogrammatical” を「意味的」と訳するのは，飯島（1973）に基づく．

は名詞を副詞として動詞に対して依存可能にする，という ESS の転用体の概念と類似的である．

ESS と FGD の相違点として指摘すべきは，依存構造の個々の辺が深層的統語関係でラベル分けされている，という点であり，これについては転用概念との関連が指摘される．FDG では 38 の異なるラベルがあり (Sgall et al. (1986)，Petkevič (1987)，Petkevič (1995))，このようなラベル分けにより，ESS による品詞 4 分類よりも細かい依存関係の分類が可能になっている．したがって転用概念はこれらの異なるラベルの依存関係として表現される．そしてこの単語間の依存関係のラベル分けは，後述する依存文法枠組みの多くにも採用されている方法である (詳細は後述)．

FGD では，これらのラベルは大きく「*内的参加者* (inner particiant)」と「*自由修飾語* (free modification)」との二つに分類される．個々の内的参加者の意味と例文は以下のとおりである (Petkevič (1995))．下線が引かれた単語・句が，各内的参加者を示している．

ACTOR: 動作主

Sarah has read this book.

This book has been read by Sarah.

Rembrandt's paintings[18]

PATIENT (OBJECTIVE, GOAL): 動作対象または be 動詞の補語

Sarah has read this book.

Sarah has thought of it.

Sarah is a teacher of English.

ADDRESSEE: 間接目的語

John has sent a message to Sarah.

---

[18] Petkevic (1995) は，このような場合の Rembrandt's を "complementation of nouns" と称している．

John has sent Sarah a message.

ORIGIN: 材料または移動の起点
He made it out of wood.
The letter is from Sarah.

EFFECT: 変化の結果
He made a log into a canoe.
They appointed him vice-president.

PARTITIVE: 数量名詞を修飾する前置詞句
a bunch of flowers
full of hope
a glass of wine

IDENTITY: 同格の前置詞
the city of London
the notion of God

内的参加者と自由修飾語の区別は，ESS の行為項と状況項との区別と類似している．しかし，ESS の行為項と FGD の内的参加者との相違は，個々の内的参加者はその主要語に一回だけ依存する，という点にある．例えば，一つの動詞には ACTOR は一つしか依存しない．そのほかの内的参加者も同様である．

FGD と ESS との相違点として次に指摘すべきは，結合価の扱いである．FGD では，依存構造の生成において，個々の結節には*結合価フレーム*が割り当てられる．これは，この結節自身とこの結節に依存可能な別のノードとの依存関係のリストである．例えば，他動詞の結合価フレームには，前述のラベル分けで ACTOR と PATIENT（または OBJECTIVE や GOAL）と名付けられた二つの依存関係が含まれる．ここで，第一行為項と第二行為項の区別のみに注目していたESSの結合価と比較すると，FDGの結合価フレームでは，それぞれの行為項のもつ意味的役割がより細かく指定されている．そして，結合価の増減は，結合価フレームの変化として説明されるのである．FGDの枠組みに基づいた結合価研究の成果として注目すべきは，チェコ語動詞と英語動詞のパラレル結合価レキシコンである（Czech-English valency lexicon, CzEngVallex）[19]（Urešová, Fučíková and Šindlerová (2016)）．これは，チェコ語動詞と英語動詞の結合価を比較対照することを目的とし，各言語の各動詞の結合価フレームのペア20,835個を収録しているだけでなく，意味的に翻訳ペアとなりうる動詞の内的参加者間の対応関係も収録している．

FGDとESSとの相違点として次に指摘すべきは，連接関係すなわち等位接続構造の取り扱いである．FGDでは，等位接続関係にある要素はすべて，一つの集合の要素として取り扱われ，その集合が従属語として主要語に依存する，と説明している（Petkevič (1995), Hajičová (2007)）．例えば，“Sarah and John teach English in Tokyo.”では，SarahとJohnは直接的に動詞teachに依存するのではなく，ある集合（仮にこれをXとする）の要素であり，この集合Xが動詞teachに依存し，その依存関係はACTORとラベル付けされるのである．この説明によれば，SarahとJohnとが同レベルで動詞teachに依存していることをとらえつつ，この動詞teachが持つ結合価フレームと矛盾ない依存関係を想定することが可能になる．これは，ESSによる連接の説明にはない利点である．

これらの論点を踏まえ，例文“Sarah and John teach English in Tokyo.”をFGDの枠組み[20]を簡略化した依存構造で表現すると以下のとおりである．並列要素を含む集合は仮にXと名付け，この集合がSarahとJohnを要素として含んでいる．英語文の依存構造のより詳細な表現につ

---

[19] https://ufal.mff.cuni.cz/czengvallex（2022年5月27日閲覧）
[20] この依存木はPetkevič (1995) による表記法に基づく．

いては，Petkevič（1995）や Hajičová（2007），そして PCEDT 2.0 のタグ付けマニュアル[21] を参照.

(11)　Sarah and John teach English in Tokyo.

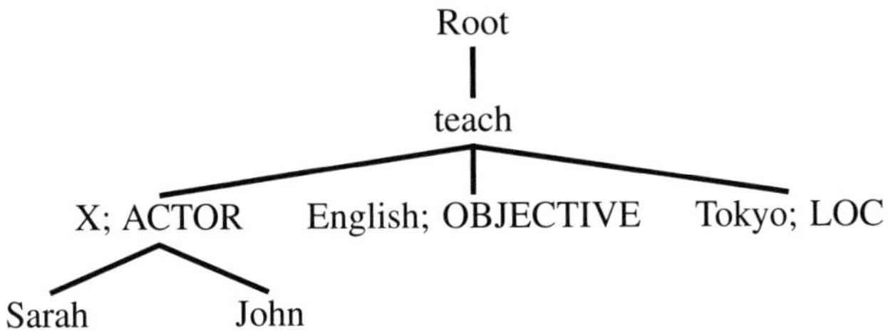

図 2.20："Sarah and John teach English in Tokyo" の依存構造（FGD の枠組みに基づく）

2.2.4. トピックとフォーカスの区別

FGD が ESS とは異なっている最大の特徴は，トピックとフォーカスの区別（topic-focus articulation, TFA）を意味的層で表現しようと試みている点にある（Hajičová（1984, 2007, 2012, 2019），Hajičová and Mírovský (2018)，Hajičová, Partee and Sgall（1998），Sgall et al.（1986），etc.）．この節ではその概略を述べる.

文をトピックとフォーカスに分割する，という考え方は，プラハ学派の言語学者 Vilem Mathesius に遡る（Mathesius（1939））．その後，同じくプラハ学派の Jan Firbas が Mathesius の考えを援用し，*functional sentence perspective*（FSP）を提唱した（Firbas（1992））．FSP はトピック（または theme）とフォーカス（rheme）を明確に二分割するのではなく，文中の個々の要素が談話展開に貢献する度合いの強弱をとらえようとした.[22]

---

[21] https://ufal.mff.cuni.cz/pcedt2.0/en/documentation. html（2022 年 5 月 27 日閲覧）

[22] FSP では，文は既知情報または旧情報を表現する *theme* と，新情報を表現する *rheme* とに分割される（この区別は，Halliday（1967）でも言及されているが，その意味するところは FSP での区別とは異なっている．詳しくは Lipka（1977）を参照）と捉

一方，Hajikova による FTA に関する理論では，文をトピックとフォーカスとの二つの要素に明確に分割する方針をとっている (Hajikova (1984)).

トピックとフォーカスの二分割を理解するにあたり必要なのは，これらが何を意味しているのか，という意味的側面と，それらがどのように表現されているのか，という表現形式的側面である．トピックとフォーカスは様々な形式で表現され，個別言語ごとに様々であるが，FTA 理論ではそれらに共通する意味的側面に注目する．

FTA 理論では，トピックとフォーカスの意味的区別は *aboutness* に立脚している，と要約されていて，トピックとは "what we are talking *about*" であり，フォーカスとは "what we are saying *about* topic" である (Hajikova (2012))．トピックとフォーカスの区別への FGD 的アプローチでは，深層構造は「文脈的束縛性 (*contextual boundedness*)」の属性を含むものとして表現される．文中の単語はすべて，(a) 文脈的に束縛されているか (*contextually bound*)，(b) 文脈的に束縛されていないか (*contextually non-bound*) のいずれかである．文脈的に束縛されている単語とは，聞き手にとってそれが何を指しているか簡単にわかる，と話し手が前提し，そのようなものとして表現されている単語である．つまり，聞き手にとっては予想可能で，記憶からすぐ取り出せるものである．文脈的に束縛されている単語は，さらに他の単語と対照されている (*contrastive*) か対照されていないかに分類される．一方，文脈的に束縛されていない単語

えつつ，この二分割を解消することを提唱した．まず，theme と rheme との間に明確な区別をつけることが困難な場合には，それら二つをつなげる *transition* が使われる．例えば，次の例文は三つの部分に分割される．

(i) Thomas / has turned out / an excellent teacher.
theme　transition　rheme

さらに，Firbas は theme と rheme との区別が困難な場合の解決法として，*degrees of communicative dynamism* (CD) という概念を導入した．これは，「文の各部分がコミュニケーション展開に貢献する度合い」と定義され，これに基づき FSP は「文の各部分への CD の分布」と定義された (Firbas (1964, 1966))．そして，一つの文中で CD が最も低い要素がその文の theme である，とした (Firbas (1964)).

とは，文脈からは予想されないもの，つまり認知的に「新しい」ものとして表現されている単語である．

このような分類に基づき，FGD では，文の依存構造中の各単語に対し，次の 3 種類の素性のいずれかが付与される (Hajikova (2012))．第一に，文脈的に束縛されていて他の単語と対照されていない（*contextually bound non-contrastive*）単語に対しては素性 *t* が付与される．第二に，文脈的に束縛されていて他の単語と対照されている（*contextually bound contrastive*）単語に対しては素性 *c* が付与される．第三に，文脈的に束縛されていない（*contextually non-bound*）単語に対しては素性 *f* が付与される．これらの素性に基づいて，文はトピックとフォーカスの二つの部分に分割されるのである．

上記の素性に基づいて文をトピックとフォーカスに分割する手順は以下のとおりである (Hajikova (2012))．

(a)　主節動詞が素性 *f* を持つ場合，それはフォーカスに属する．それ以外の場合にはトピックに属する．

(b)　主節動詞に直接依存し，かつ素性 *t* を持つ要素はすべて，トピックに属する．それらに依存している要素も同様にトピックに属する．

(c)　主節動詞に直接依存し，かつ素性 *f* を持つ要素はすべてフォーカスに属する．それらに依存している要素も同様にフォーカスに属する．

(d)　主節動詞が素性 t を持ち，それに直接依存している要素がすべて素性 *t* を持つ場合，主節動詞から伸びている辺の最も右側の辺に注目する．主節動詞からこの辺をたどって最初に現れる素性 *f* を持つ要素，そしてこれに依存している要素はすべて，フォーカスに属する．

2.2.5. まとめ

この節では，FGD の表現形式の概略と，その特徴であるトピックとフォーカスの区別について述べた．FGD は，ESS で紹介された結合価や転用といった概念を，より詳細に表示しているという特徴がある．動詞の結合価は結合価フレームの形式で動詞ごとに指定され，転用は深層的統語関係によって詳細に分類されている．さらに，連接（等位接続）に関しては，等位接続関係にある要素はすべて，一つの集合の要素として取り扱われ，その集合が従属語として主要語に依存する，と分析している．これは ESS による連接の説明とは異なり，連接と結合価とを矛盾なく説明する一つの可能性を提示している．さらに，ESS では取り上げられていなかった，トピックとフォーカスの区別も視野に入れている．このような差異がある一方で，文中の単語間の結合関係を階層的に把握する，という本質的な出発点を ESS と共有している．これらを勘案すると，FGD とは，ESS が提示した依存文法の概念を継承しつつ，文の統語構造をより詳細に記述することを目指した理論であるといえる．

2.3. Meaning-Text Theory

2.3.1. はじめに

依存文法の枠組みとして次に紹介するのは，Meaning-Text Theory（MTT）である．MTT は，「意味からテキストへ」の言語形式の検証を目的として，Igor Mel’čuk を中心として構築されてきた（Mel’čuk（1988, 2009, 2011, etc.））．Mel’čuk は，言語学的研究には，言語表現のレベルごとに異なる表現形式と，これらの表現形式間の関係を制御する一連の規則が必要であると主張している．この主張は，文構造を複数のレベル（multiple layers）で表現している FDG やそのほかの文法理論と親和性が高いものである．MTT で想定されている言語表現レベルは，単語間一致関係を含む形態学的依存関係（Morph-D），動詞の述語 - 項関係に代表される意味依存関係（Sem-D），そして統語依存関係（Synt-D）の 3 種類である（Mel’čuk（2011））．MTT の詳細についての包括的な説明は上記の文献に譲ることとし，この節では MTT の構文依存関係の概要を ESS との類似点・相違点を適宜指摘しつつ紹介する．

2.3.2.　統語依存関係 (Synt-D)

この節では，統語依存関係（Synt-D）が MTT ではどのように取り扱われているのかを，主に Mel’čuk (2009) および Mel’čuk (2011) に基づいて説明する．MTT では，統語構造は意味と形態との媒介としてとらえられている．Mel’čuk (2009: 23) では次のように述べられている．「意味構造は *n* 次元的なグラフすなわち（意味の）ネットワーク（*network*）であり，... 形態構造は一次元的な線的グラフすなわち（形態素の）連鎖（*chain*）である．統語構造は意味構造と形態構造との簡便な橋渡しの役割を果たす」．そのような橋渡しとして最も適切なのが，二次元的なグラフすなわち木（*tree*）であり，その理由として，*n* 次元的なネットワーク構造を二次元的な木構造に変換するのは相対的に簡単であり，二次元的な木構造を一次元的な連鎖構造へと変換するのも簡単である，そしてその逆もまた真なり，とも Mel’čuk (2009) は述べている．ここで，*n* 次元的な意味ネットワークの二次元的木構造への変換，そして二次元的木の一次元的形態素連鎖構造への変換がなぜ相対的に簡単であるのかについては詳細には述べられていないが，それはつまり *n* 次元的な構造を直接的に一次元的構造へと（またはその逆に）変換するよりも，途中で二次元的構造を経由するのがより簡便である，という意味である，と考えられる．

MTT の特徴の一つとして，文中の単語の依存関係の言語横断的・普遍的特徴と，個別言語に固有の特徴とが二つのレベルに区別されていることが挙げられる．例えば，統語依存関係は「文内の句の分布を決定する」（Mel’čuk（2011: 3））とされている．これを言い換えれば，ある文中のひとつの単語が同じ文中の別の単語に依存する，という一般的な関係は，自然言語の普遍的な特徴であり，その一方で，文の中で従属語と主要語のどちらが先行するか，という語順の関係は個別言語固有の特徴である．例えば，名詞と形容詞との依存関係では，名詞が主要語で形容詞が従属語であるのが普遍的だが，英語では，形容詞は名詞の前に配置される一方で，フランス語では形容詞は名詞の後に配置されるのが典型的である．

Mel'čuk が提唱している構文依存関係の二つのレベルは，深層統語関係（*Deep-Syntactic Relations*, DSyntRels）と表層統語関係（*Surface-Syntactic Relations*, SSyntRels）である（Mel'čuk (2011)）．DSyntRels は言語に依存せず，つまり言語横断的に普遍的である，その一方で，SSyntRels は個別言語に固有である．DSyntRels のレベルで言語普遍的に定義された単語間依存関係タイプが，SSyntRels のレベルでさらに細分化され，個別言語における単語間依存タイプとして定義されるのである．異なる言語間での DSyntRels と SSyntRels の関係を説明するために，Mel'čuk（2011: 5）は英語の動詞 help とそれに相当するロシア語の помогать で異なる文法機能が使われていることを例に挙げている．英語では，助ける相手を直接目的語で表現し，一方ロシア語では，助ける相手を間接目的語で表現する．DSyntRels のレベルでは，これら二つの SSyntRels は「均質化（"homogenized"）」されている（Mel'čuk (2011: 5)）．例えば，件の英語動詞 help とロシア語動詞 помогать に関しては，英語の動詞 help と助ける相手を表現する名詞との間の依存関係タイプ（仮に direct object と名付ける）と，ロシア語の動詞 помогать(*pomogat'*）と助ける相手を表現する名詞との間の依存関係タイプ（仮にこれを indirect object と名付ける）は，SSyntR レベルでの依存関係であり，これらは DSyntR レベルでは「II」と呼ばれる一つの深い構文関係に統合されている，と説明するのである．数字の「II」は，DSyntRels のタイプの一つである．

2.3.3. DSyntRels：深層的統語依存関係

この節では，DSyntRels がどのように分類されているかを概観する．Mel'čuk（2011）によれば，DSyntRels は 12 のタイプに分類される．その分類を依存木の形式で表現したものが以下の図である．

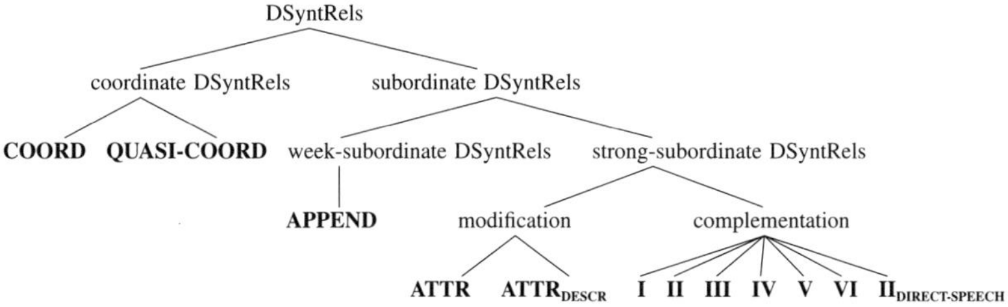

図 2.21：Mel'čuk（2011）による DSyntRel の 12 タイプ分類の依存木的表現

以下，個々のカテゴリごとに DSyntRel を説明する．

第一に，DSyntRels は *coordinate DSyntRels* と *subordinate DSyntRels* に分割される．これらのうち，coordinate DSyntRels のカテゴリには **COORD** と **QUASI-COORD** が属している．これらは並列構造中の要素間の依存関係であり，特に後者は場所格の前置詞句間の並列関係（例：in Boston on Fleet street at her parents（Mel'čuk（2011））を表現している．[23]

次に，subordinate DSyntRels は，*weak-subordinate DSyntRels* と *strong-subordinate DSyntRels* に分割される．weak-subordinate DSyntRels のカテゴリには，**APPEND** が属している．Mel'čuk（2011）によ

[23] **COORD** と **QUASI-COORD** とを区別した理由については，Mel'čuk（2011）は明確には述べていない．そして，ここで言う **QUASI-COORD** とは，英文法で言う "quasi-coordinators（Burchfield（2015））" とも異なっている．これは，along with, as well as や together with などの並列句であり，主語名詞句が quasi-coordinator による並列表現である場合，名詞句の数は単数であり，動詞もこれに一致する．例：John, as well as Sarah, teaches/*teach English in Tokyo.

れば，これは弱い構造的結びつきを持つ構文で使われる DSyntRel であり，例として文副詞と主節動詞との関係を挙げている．

一方，strong-subordinate DSyntRels は，さらに *modification: Attributive DSyntRels*（修飾関係）と *complementation: Actantial DSyntRels*（補部関係）とに分割される．前者は，依存関係の主要語に対して従属語が意味を与える関係（例：名詞と形容詞との関係）であり，一方で後者は依存関係の主要語の意味が従属語によって補われる関係（例：動詞と，この名詞の結合価に属す名詞との関係）である．

Attributive DSyntRels のカテゴリには，**ATTR** と $\mathbf{ATTR_{DSCR}}$ が属している．**ATTR** は制限的な修飾語句と被修飾語との関係であり，Mel'čuk（2011）によればこれが修飾関係の典型である．$\mathbf{ATTR_{DSCR}}$ は非制限的な修飾語句と被修飾語句との関係であり，例としては関係代名詞節の非制限的用法がある．

Actantial DSyntRels のカテゴリには，7 つの DSyntRels が属していて，それぞれローマ数字が割り振られている．Actantial という形容詞が示している通り，これらは ESS の「行為項（Actant）」と動詞との依存関係であり，最後の $\mathbf{II_{dir\text{-}sp}}$ は，直接話法の補文と主節動詞との依存関係である．

これらの DSyntRels を含んだ，例文 "Sarah and John teach English in Tokyo." の深層的統語依存構造は以下のとおりである．依存関係にある単語を結ぶ線の隣に太字でその依存関係の DSyntRel が表示されている．依存関係にある単語を結ぶ線は主要語から従属語への矢印である．[24]

[24] 日本語の係り受けを基に考えると，修飾語句から修飾先へと矢印が伸びるほうが直感的に自然であるとも考えられるが，この本でも MTT をはじめとした他の依存文法で主流となっている「主要語 → 従属語」の方向で単語間の依存関係を表記することとする．

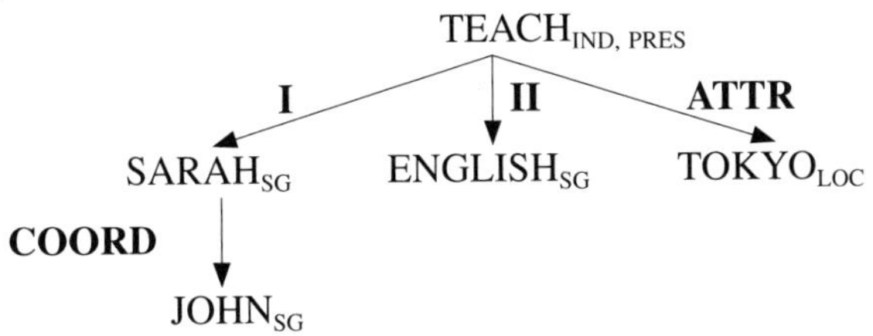

図 2.22：“Sarah and Jon teach English in Tokyo” の依存構造（MTT の枠組みに基づく）

Mel’čuk（2011）による英語の DSyntRels の特徴としてまず指摘すべきは，並列関係が，個々の並列要素が別の並列要素に依存する，と分析されている点である．いわば並列要素が連鎖的な依存関係にある．例えば，Sarah and John teach English in Tokyo では，Sarah に対して John が依存していて，その依存関係は SSyntRel の一つ **coord** に分類され，そして Sarah が動詞 teach に依存する（John は teach には統語的には依存しない），と分析されるのである．このように，MTT での並列関係の取り扱いは，ESS での並列関係の取り扱い（並列要素がそれぞれ同じ主要語に直接的に依存する）とも，FGD による並列関係の取り扱い（並列要素を要素とする集合が主要語に依存する）とも異なっている．

2.3.4.　SSyntRels：表層的統語依存関係

この節では，英語の SSyntRels について説明する．言語横断的・言語普遍的に共通している DSyntRels に対して，SSyntRels は個別言語に特有である．英語に関しては，Mel’čuk（2011）は 52 個の SSyntRels を提案しているが，これら一つ一つを説明するのは煩雑に過ぎるため，特に ESS の依存文法および FGD との類似点と相違点に焦点を絞ってその特徴を説明する．

第一に，DSyntRels の説明でも触れたとおり，SSyntRels でも並列構造中の要素は連鎖的に依存しており，これは ESS の依存文法や FGD による並列関係の取り扱いとも異なっている.

第二に，助動詞と不定動詞との依存関係は，助動詞が主要語で不定動詞が従属語である．これを表現するSSyntRelは，Infinitival-Objectiveと名付けられている（Mel’čuk（2011: 13））．このSSyntRelは，動詞とto-不定詞との間の依存関係にも使われている．これと関連して，英語の完了のhaveと動詞過去分詞形，進行のbeと動詞現在分詞形，そして受動のbeと動詞過去分詞形とのSSyntRelsは，それぞれPerfect-analytical, Progressive-analytical，そしてPassive-analyticalと名付けられ区別されている．例えば，Perfect-analyticalを含む例文である“Sarah has written many books.”の表層的統語依存構造は以下のとおりである．完了の助動詞hasと過去分詞形writtenとのSSyntRelはPerfect-analyticalと名付けられている（それ以外のSSyntRelsについては，Mel’čuk（2011: 13–15）を参照）．

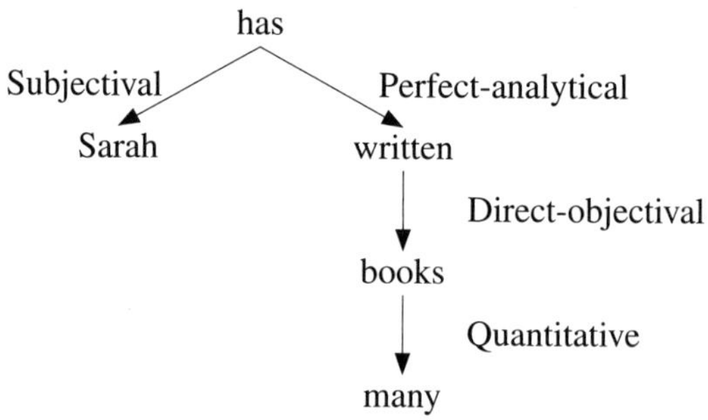

図2.23：“Sarah has written many books”の表層的統語依存構造

このように，MTTによる助動詞の分析は，不定動詞が転用の結果名詞として助動詞に依存する，と分析するESSの依存文法に類似している（2.1.6.2節を参照）が，助動詞と不定動詞とを一体とするFGDとは異なっている．

第三に，前置詞句内部では前置詞が主要語で名詞が従属語であり，そのSSyntRelはPrepositionalと名付けられている（Mel’čuk（2011: 14））．そして，前置詞は別の名詞や動詞へと依存する．その際の SSyntRels には，Obilique-objectival（前置詞句が動詞結合価に含まれている場合，例えば John depends *on Sarah*），Agentive（by によって導かれた前置詞句が受動態動詞の動作主を表現する場合），Patientive（動詞から派生された名詞の対象を表現する場合，例えば translation *of this text*），Attributive（前置詞句が修飾語句として機能している場合，例えば students *with different backgrounds*）などがある．

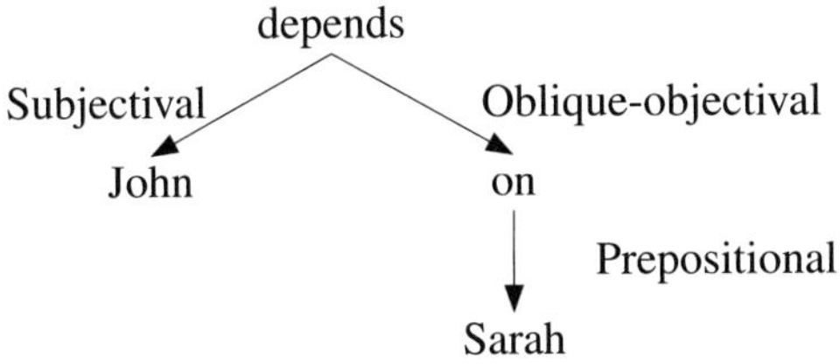

図 2.24："John depends on Sarah" の表層的統語依存構造

これは，名詞が別の名詞や動詞に依存する際に，その名詞を形容詞や副詞へと転用するために必要な転用体として前置詞をとらえる ESS の分析とは異なっている．さらに，前置詞が独立した単語としてではなく結節点や結節点を結ぶ辺がもつ素性として表現される FGD の分析とも異なっている．

このように，MTT は文中の単語間の依存関係を ESS による品詞 4 分類よりも詳細に区別しているので，ESS の転用概念は，異なるラベルの依存関係として表現される．この点では FGD と共通している（2.2.3 節を参照）．しかし，個別言語に共通している依存関係と個別言語に特有の依存関係とを DSyntRels と SSyntRels とに区別し，さらに単語間の依存関係の区別を異なる SSyntRel によってより明示的に定義しているという点で FGD とは異なっている．MTT が FGD よりも多くの言語の統語構造分析に利用されている[25]のは，このような個別言語の普遍性と個別性双方への視点が根底にあると考えられる．

2.3.5. 個別言語の統語依存関係を定義する基準

DSyntRels と SSyntRels の区別とあわせて重要な論点としてこの節で注目したいのは，MTT が個々の SSyntRel，つまり個別言語の個々の統語的依存関係を定義する基準を提示している，という点である．これは MTT の大きな特徴である．このような基準は ESS による依存文法では想定されていない．そして，FGD においてはそれらはいわば言語横断的に共通であり，個別言語ごとの定義づけについては MTT ほど詳細には述べられていない．これを踏まえ，この節では Mel'čuk（2011）を援用し，SSyntRels を定義する基準について説明し，適宜その問題点についても指摘する．

個別言語の SSyntRels，つまり個別言語の表層的統語依存関係を定義するにあたり，Mel'čuk（2011: 6-8）は次の三つの基準を提案している．Criterion A は，文中の二つの単語間に依存関係が存在するか否かの基準であり，Criterion B は，依存関係にある二つの単語のどちらが主要語かを決定する基準であり，そして Criterion C は，依存関係がどのタイプかを決定する基準である．

2.3.5.1. Criterion A

Criterion A は，二つの単語が韻律単位（*prosodic unit*）を形成して発話（*utterance*）となりうる場合にその単語間に依存関係がある，としている．例として，Mel'čuk（2011）では名詞と決定詞，前置詞と名詞，動詞とその直接目的語，そして形容詞と名詞の例を挙げている．

---

[25] FGD の研究対象は英語とチェコ語に限られている一方で，MTT はより多くの言語を研究対象としている（Polguère & Mel'čuk (2009) 等）．

2.3.5.2. Criterion B

Criterion B は，さらに統語的観点からの定義（Mel'čuk (2011) の用語では Criterion B1），形態素的観点からの定義（同じく，Criterion B2），そして意味的観点からの定義（同じく，Criterion B3）へと細分化され，依存関係にある二つの単語のどちらが主要語なのかをこれら三つの観点から定義しようとしている．特に，後者の二つは，複合名詞のように二つの単語のどちらが主要語なのかが統語的観点だけからは定義できない場合に重要である．

Mel'čuk (2011) では，統語的観点からの定義に関し，受動的結合価 (*passive valence*) という概念を利用している．これは，ある単語がどのような単語へと依存可能かに関連している．例えば，ESS でもすでに触れられていたように，名詞は動詞へと，形容詞は名詞へと，副詞は形容詞か別の副詞へと依存する．前述の抽象的構造では，動詞は I，名詞は O，形容詞は A，そして副詞は E として表現されている．

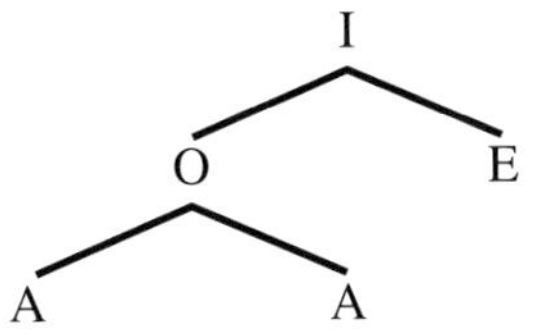

図 2.25：記号的依存構造（図系 44 (Tesnière (1959: 64)) を基に作成）（再掲）

ここで，二つの単語 A と B とが依存関係にあって一つのまとまりを形作り，このまとまりがさらに別の単語 C へと依存する場合，この別の単語 C へと依存可能な受動的結合価を持っているほうが主要語である．例えば，A が名詞で B が形容詞であり，これらのまとまりがさらに動詞 C に依存するならば，動詞に依存できるのは名詞の A であり，したがって A と B の依存関係においては，Criterion B1 に則り，A が主要語となる．

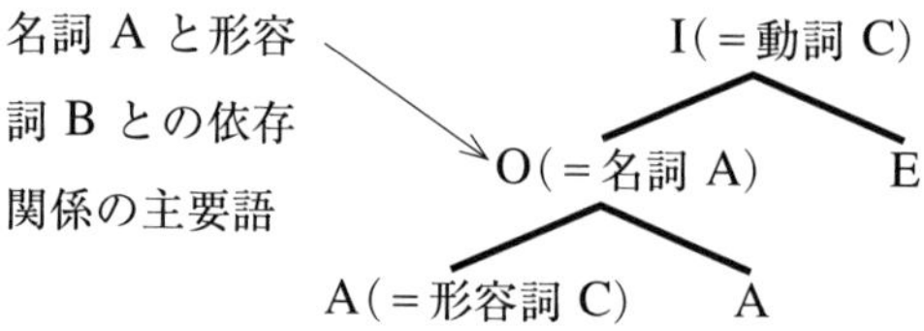

図 2.26：記号的依存構造の中での Criterion B1

この定義で注目すべきは，二つの単語間の依存関係の主要語を決定するにあたり，それらの関係のみならず，それらを含む依存構造中でどの単語に依存するのかが関わっているという点である．

形態素的観点からは，依存関係にある単語 A と B が別の単語 C に依存する場合，C の形態素が A の素性と一致する場合，A と B の依存関係においては A が主要語である．Mel’čuk（2011: 7）では，ロシア語の複合名詞において，男性名詞と女性名詞とが複合名詞を形成している際，動詞 быть（“be”）の過去形が男性形となっているので，件の複合名詞では，Criterion B2 に則り，男性名詞のほうが主要語である，と説明している．[26] この定義においても，統語的観点による定義と同様に，二つの単語間の依存関係の主要語を決定するにあたり，それらを含む依存構造中でどの単語に依存するのかが関わっているという点が注目される．

意味的観点からは，単語 A と B とが依存関係にある場合，このまとまりが単語 A の指示対象の種類や例を指示対象とする場合，単語 A が主要語である，と定義している．[27] 例えば，term paper の指示対象は，paper

---

[26] Mel’čuk（2011: 7）で例として取り上げられていた複合名詞は диван-кровать（sofa bed）であり，диван は男性名詞，кровать は女性名詞である．説明の前提として，ロシア語動詞 быть（“be”）の過去形は主語の数と性に一致し（男性単数名詞主語の場合は был，女性単数名詞主語の場合は была，中性単数名詞主語の場合は было，複数名詞主語の場合は были），件の диван-кровать が主語の場合，была ではなく был が使われるのである．つまり，быть は кровать にではなく диван に一致し был になっているのであり，したがって диван が主要語である．

[27] この関係を集合的に表現すれば，「依存関係にある単語 A と B とのまとまりが，単語 A の指示対象を要素とする集合の下位集合の要素を指示対象とする場合には，この依

の指示対象の特定の種類であり，したがって paper が主要語である．一方，things Japanese の指示対象は，things の指示対象の特定の種類であり，したがって Criterion B3 に則り，things が主要語である．

2.3.5.3. Criterion C

Criterion C は，それぞれさらに Criterion C1, C2 そして C3 の三つの基準に細分化される (Mel'čuk (2011: 8))．Criterion C1 は最小対 (minimal pairs)，Criterion C2 は文脈中での交代可能性 (substitutability in context)，そして Criterion C3 は反復可能性 (repeatability) に関わる．

Criterion C1 つまり最小対に基づいた基準とは，一つの依存タイプは特定の意味関係および統語関係を表現し，この意味関係は別の依存タイプによって表現された意味関係および統語関係とは異なる，という基準である．この基準に関し，Oya (2014) は以下のような例を挙げて説明している．

(12)　(= (2.5) in Oya (2014: 21))
　a. Sarah saw John.
　b. John saw Sarah.

この例文で，同じ単語間の依存関係である (12a) の saw → Sarah と (12b) の saw → Sarah とは，意味的にも統語的にも異なっている．意味役割に関しては，(12a) では Sarah は saw の経験者 (experiencer) であり，(12b) では Sarah は saw の対象 (theme) である．さらに，統語的にも (12a) では主要語が従属語に先行し，(12b) では主要語が従属語に後続する，という違いがある．したがって，上記の例文において，同じ Sarah と saw という二つの単語間の依存関係は，Criterion C1 に則り，異なる依存タイプを持つのである．

存関係においては単語 A が主要部である」と表現できる．

Criterion C2つまり文脈中での交代可能性に基づいた基準とは，個々の依存タイプにはいわゆる「典型的な従属語（prototypical Dependent）」（Mel'čuk（2011: 8））があり，この典型的な従属語を別の典型的な従属語に交代しても，文全体の適格性（Well-formedness）は変化しない，という基準である．前述の例文で考えると，“Sarah saw John”の直接目的語を他の名詞，例えばJohnに交代しても文全体の適格性は変化しない．つまり，saw → Sarahの依存タイプとsaw → Johnの依存タイプは，Criterion C2に則り，どちらも典型的な従属語として名詞を選択する依存タイプである，と言える．

Criterion C3つまり反復可能性に基づいた基準とは，依存タイプはある主要語に対して1回しか生じないものと何回も生じうるものとのいずれかに分類される，という基準である．これは，FGDの内的参加者と自由修飾語の区別に類似している（2.2.3節を参照）．内的参加者は，一つの主要語に1回だけ依存する．例えば，一つの動詞には主語や目的語など，その動詞の結合価に算入されるべき要素は1回しか依存しない．一方，時間や場所を表す副詞句は複数個依存することが可能である．Criterion C3を言い換えれば，主要語に1回しか依存できない場合もあれば複数回依存できる場合もあるような依存タイプは存在しないことを意味する．

これらはすべて，文中の二つの単語間の局所的な依存関係に関わる基準であり，そしてこの理論編の後半で提案する依存構造の単純な図式と，それに関連した三つの問題ともかかわっている基準でもある．

2.3.6. まとめ

この節では，Mel'čukが提唱するMTTについて概観した．MTTの特徴は，依存関係を（a）文中のどの単語がどの単語に依存するか，（b）依存関係にある単語のどちらが主要語か，そして（c）依存関係のタイプは何か，という三つの観点から定義づけることを提案している点にある．この節では，これらの観点についてその概略を述べた．この理論的枠組みは，後述の「単純な図式」の動機付けともなった重要な理論的枠組みでもある．

2.4. Universal Dependencies (UD)

2.4.1. はじめに

この節では，Universal Dependencies（UD）（Nivre（2015），Zeman et al.（2020），de Marneffe et al.（2021））について概観する．UDとは，自然言語処理（natural language processing, NLP）研究の一環として，多種多様な自然言語に対して一貫した構文解析タグ付け体系を開発するプロジェクトである．[28] その目的には，多言語に対応する構文解析器の開発のみならず，言語類型論の観点からの構文解析や，それに基づいた言語間の学習が含まれる．UDの設計の背景にある思想は，個別の言語に固有な依存関係を表現するための拡張は必要に応じて許可しつつも，言語間で共通している構造に対しては一貫したタグ付けが可能になるような指針を提示することである．UDのタグ付け体系は，（Universal）Stanford Dependencies（de Marneffe et al.（2006, 2008, 2014）），Google Universal POS tag（Petrov et al.（2012）），そしてInterset（Zeman（2008））に基づいている．以下，これら三つのツールがどのように開発され，そしてUDへと統合されていったのかを概観する．

Stanford Dependenciesは，Stanford Parser[29]で利用される単語間依存関係の表現形式として2005年に開発され，英語の依存関係分析に広く利用されるに至り，さらには多様な言語の構文解析にも応用されている．（Bosco et al.（2013），Chang et al.（2009），Haverinen et al.（2013），Lipenkova and Souček（2014），Seraji et al.（2013），Tsarfaty（2013）等）．

[28] https://universaldependencies.org/introduction.html（2022年5月27日閲覧）
[29] https://nlp.stanford.edu/software/lex-parser.shtml（2022年5月27日閲覧）

Google ユニバーサルタグセットは，McDonald and Nivre (2007) による CoNLL-X (Buchholz and Marsi (2006)) 共有タスクデータに基づく言語間エラー分析から生まれ，Das and Petrov (2011) による教師なし品詞タグ付けに最初に使用された．それ以来，多様なタグセットを一貫したタグ体系へと変換するための基準として広範囲に利用されている．

Interset (Zeman (2008)) は，複数の言語の形態統語的タグセット間で変換を行う際の中間的なタグセットである．これは，既存の構文解析器を新しい言語の構文解析に応用する研究にその端を発している (Zeman and Resnik (2008))．その後，多種多様な言語のツリーバンクに対して一貫した注釈スキームでタグ付けするプロジェクトである Harmonized Multi-language Dependency Treebank (HamleDT) (Zeman et al. (2014)) に採用された．

2.4.2. Interset と普遍文法の無関係性について

自然言語のコーパスデータにもとづく研究において，単語への品詞タグ・形態素タグ付けはその研究の成否を左右する重要な作業である．しかしながら，異なるコーパスには異なる問題意識に基づいた品詞タグ・形態素タグが使用されていて，同じ言語でありながらも異なるタグが使われている場合もある．しかし，ある形式のタグを別の形式のタグへと変換するのは容易ではなく，特定のタグのペアに特有の変換手順がとられるのが一般的である．この点を鑑み，Zeman (2008) は，「再利用可能なタグ変換ツールを可能にする普遍的アプローチを提案する」と述べている．つまり，その問題意識はあくまでも多様な言語コーパス資料への一貫したタグ付けであり，それが自然言語の心的表現形式の普遍的定式化とどのような関係にあるのかについては触れていない．さらに，Zeman (2008) は，各言語ごとに異なるタグが設定されていることが議論の前提となっており，その状態そのものを改善しようとしているわけではない．さらに，多言語に適用可能な普遍的な品詞タグ・形態素タグを提案しているわけではなく，あくまでも異なるタグ間の変換が研究の目的となっている．この立場は，人間が種として生得的に備えている言語能力の様態を解明しようとするいわゆる生成文法の立場や，文中の単語の依存関係の言語横断的・普遍的特徴を DSyntRels という表現レベルで把握しようとする MTT とは議論の前提および研究目的が異なっていることに注意しなければならない．

2.4.3. UD における統語構造の取り扱い

UD は Interset を継承した依存構造表現形式であり，Interset に関して先述した原則は UD に対しても適用されることとなる一方，異なる言語間に共通した依存関係に重点が置かれている．UD のウェブページ中，統語について扱っているページでは，UD は複数の言語に対して適用可能な「普遍的な[30] 依存関係」の集合であることを目標としていて，この目標を達成するために，同じ文法関係（「主語」や「目的語」といった動詞と名詞との間の関係や，形容詞と名詞との間の修飾関係など）は言語間で共通したタグ付けをすることによって言語間の並列的関係を最大限に表現しようとする，と述べられている．[31] これと同時に，各言語に特有な（他の言語には観察されない）文法関係については他と区別することも許容している．

この点に関して，当該ウェブページでは，この言語間の並列関係には次のような制限がある，と指摘している．[32] 第一に，標準的な UD では音形を持たない要素の存在は想定されていない．第二に，主要語と依存語との間の依存関係に帰着されえない文法関係も存在する．この点に関し，当該ウェブページでの記述では，UD 中の依存関係の中にはそのような主要語－依存語間の依存関係を前提としない関係も含まれており，そのような関

[30] ここでの「普遍的な」とは，UG でいう普遍文法の意味ではなく，「言語横断的な」「特定の言語のみに依拠しているのではない」という意味として理解すべきである．

[31] https://universaldependencies.org/u/overview/syntax. html（2022 年 5 月 27 日閲覧）

[32] https://universaldependencies.org/u/overview/specific-syntax.html（2022 年 5 月 27 日閲覧）

係に付与されるのは便宜的な符号（convenient encodings）として理解されるべきである，とされている（この制限に対しては，応用編「さまざまな構文」で再び取り上げる）．

この節では，自然言語の構文解析においては内容語間の依存関係を重視する，という UD の基本方針を説明する．特に，構文解析結果に UD の基本方針が如実に反映されている特徴を説明する．取り上げる特徴は，(a) 単語間依存関係の語彙主義的表現，(b) be 動詞や助動詞の取り扱い，そして (c) 前置詞の取り扱いである．この節の記述は，UD の基礎となった Stanford Universal Dependency（SUD）を記述している de Marneffe et al.（2014）に依拠している．ここでは，例文として主に英語を取り上げるが，必要に応じて英語以外の文も例として挙げる．

2.4.3.1. 語彙主義的表現

SUD では，文中の単語の依存関係は統語論における語彙主義的仮定に則って構成されている（de Marneffe et al. (2014)）とされ，UD もその基本方針を受け継いでいる．つまり，依存関係にあるのは完全な単語であり，屈折辞などの形態的要素間の依存関係は想定されず，すべてそれらが付加する単語にまとめられた形で依存関係が構成される．

このように，「文法関係は完全な語の間に確立され，形態素間の関係とは異なる」，とする語彙主義的仮定は，言語学において長い間論争の的となっていていまだ決着がついていない問題が背景にある．それは，単語と句との双方が同じ統語メカニズムによって構成されるのか，それとも単語が統語構造の最小単位であり，単語を構成する形態的過程と単語が文を構成していく統語過程とは全く異なっているのか，という問題である．後者の仮定は，lexical integrity hypothesis とよばれている（Bresnan and Mchombo (1995)）．これはいわば，形態的過程と統語的過程とが相互に無関係であるとする語彙主義的な考えである（Lieber (1992)）．

SUD が語彙主義的仮定を採用しているのは，語彙主義的アプローチが実用的で計算的なモデルにおいて大きな利点を持っているからである，と de Marneffe et al. (2014) は指摘しているが，どのような利点があるのかについては具体的には述べられていない．UD を理解するにあたり，SUD から継承した語彙主義的アプローチにどのような利点があるのかについて理解を深める必要がある．

その利点は，次のように考えられる．計算言語学の一分野である構文解析において英語を対象とする場合，スペースで区切られた単語を文構造の最小単位と想定し，それよりも小さい単位への分割は想定しない，という実践的な問題意識が根底にあると推察される．さらに言えば，統語と形態との相互関係それ自体は言語学的には興味深いものであるものの，計算言語学そして自然言語処理的な問題意識においてはそれほど重要ではない，という側面も指摘されうる．

さらに，語彙主義的仮定では，形態素は内容語の一部であってそれ等自身は依存関係の主体とはみなされないことになり，語彙主義的仮定を採用することは，内容語の依存関係を重視するという UD の基本方針とも矛盾していない．

2.4.3.2.　be 動詞や助動詞の扱い

UD では，be 動詞は節の主要語として機能しているのではなく，語彙的述語に依存している，とされている．これは，de Marneffe et al. (2014) では，be 動詞を持たない言語との整合性を保つのがその理由とされている．下記の例文は，名詞が文のルート位置にあり，主語や be 動詞がこの名詞に依存する，と解析されている（各依存関係のタイプ分けについては 2.4.4 節を参照）．

(13)　Sarah is a student.

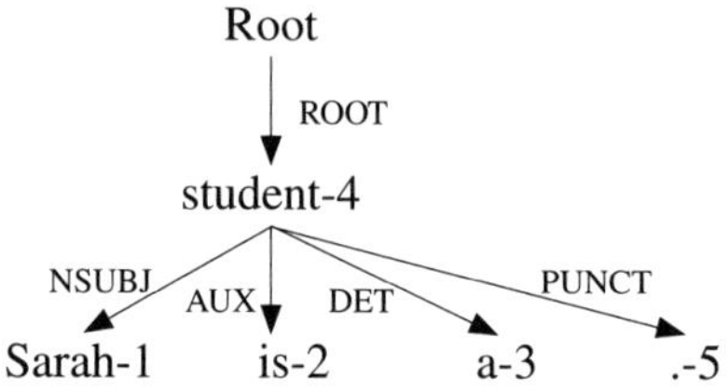

図 2.27："Sarah is a student." の依存構造（UD の枠組みに基づく）

さらに，いわゆる SVOC 構文の C に対応する要素は，V に対応する動詞に依存する，とされている．以下の例文では，補語の dancer は動詞 judge に依存している．

(14) I judge Sarah the best dancer.

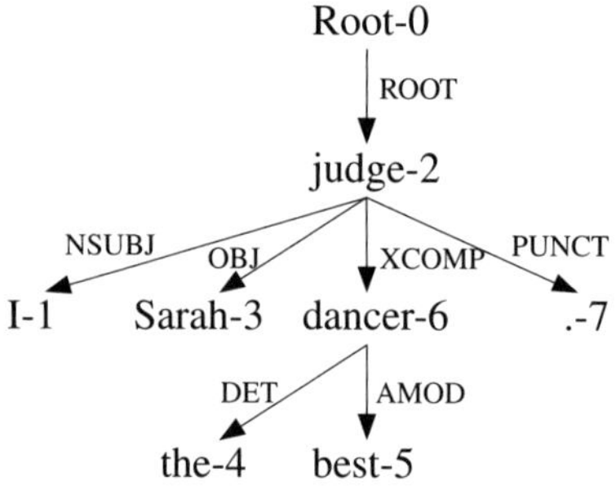

図 2.28："I judge Sarah the best dancer." の依存構造（UD の枠組みに基づく）

この点と関連して，UD では英語の助動詞も動詞に依存する，とされている．以下の例文では，助動詞 would, have, そして been はそれぞれすべて動詞 held に依存している，と解析される．

(15) The Tokyo Olympic Games would have been held in 2020.

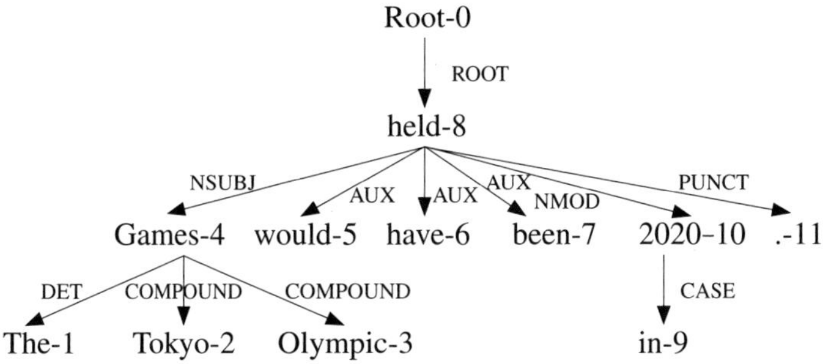

図 2.29 : "The Tokyo Olympic Games would have been held in 2020." の依存構造（UD の枠組みに基づく）

このように一つの文に助動詞が複数存在する場合，助動詞の間に依存関係は想定されていない．これは，助動詞は内容語ではなく機能語であり，したがって別の単語の主要語とはならない，という考えが根底にある．詳細については，応用編の助動詞の節を参照．

このように，be 動詞や助動詞を機能語としてとらえ，それらが文中の動詞に依存するという構文解析の方針は，いわゆる生成文法での構文解析の方針とは大きく異なっている．生成文法では，助動詞は I の位置を占め，助動詞に後続する動詞はその目的語とともに VP を形成し，これが I の補部となる（Radford (2020) など）．

このように，助動詞が動詞の主要語なのか，それともその逆なのか，という選択は，構文解析において何を重視し，どのような基本方針を採択するかに左右されるものである．内容語の依存関係に注目する UD の方針は，言語横断的に普遍的な依存構造を記述するという目的と矛盾しない限りにおいて，そしてすべての構文解析対象文に一貫して適用される限りにおいて有効なものである．もちろんこれは，それ以外の研究目的において助動詞を動詞の主要語に想定する方針を否定するものではないことも付け加えねばならぬ．[33] そのような方針については，応用編で再び論じる．

[33] UD の基礎となった SUD の前身である Stanford Dependency（SD）では，助動詞

2.4.3.3. 前置詞の取り扱い

内容語間の依存関係を重視する，という UD の基本方針が明確な形で表現されている関係としてもう一つ重要なのが，前置詞の依存関係である．前置詞は機能語に分類されるので，それ自体は主要語にはならない．つまり，通常は前置詞の目的語とされる名詞は，UD では前置詞句の主要語であり，この名詞が別の名詞または動詞に依存する，と表現されるのである．以下の例文では，名詞 President は前置詞 of の目的語ではなく，前置詞 of が名詞 President に依存する．そして，この名詞 President が別の名詞 office に依存する，と表現される．

(16)　the office of the President

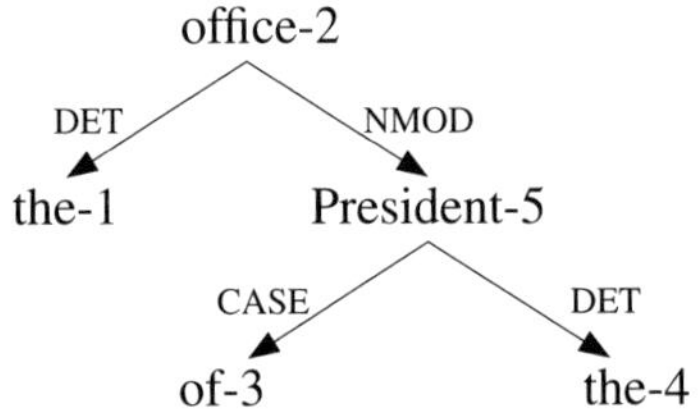

図 2.30：“the office of the President” の依存構造（UD の枠組みに基づく）

さらに，be 動詞に前置詞句が後続する構文においては，この前置詞句内の名詞がほかの要素の主要語になる．下の例文の場合，文のルート位置には question があり，他の要素はこれに依存する，と表現される．

(17)　It is a good question.

が動詞の主要語である，という構文解析も容認し，この SD を実装した構文解析アプリケーションである Stanford Parser には，助動詞が動詞の主要語であるという構文解析結果を出力するオプションも備わっていた．

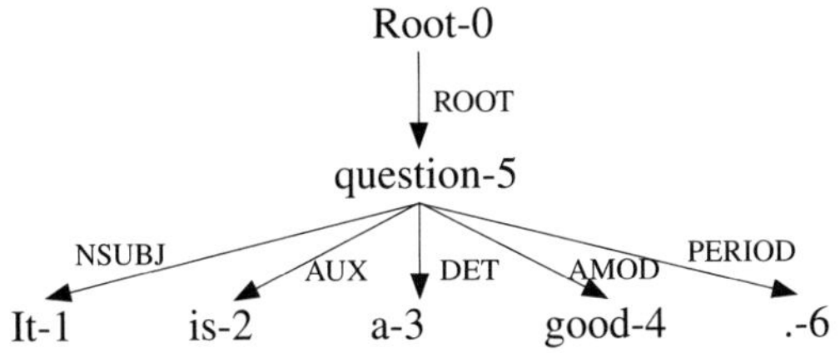

図 2.31：“It is a good question.” の依存構造（UD の枠組みに基づく）

de Marneffe et al.（2014）は，このような構文解析の利点として，先の 2.4.3.2 節「(2) be 動詞や助動詞の扱い」で取り上げた，名詞が文のルート位置にあるとする解析と矛盾しない，と指摘している．

内容語どうしの依存関係を重視し，前置詞は名詞に依存する，という UD の基本方針には，日本語を分析対象としている言語学で使われている「文節」とその係り受けという基本方針と類似している点と異なっている点の双方がある．

まず，これら二つの方針が類似しているのは，内容語どうしの依存関係を重視している，という点である．日本語学でいう文節とは，内容語を中心としてそれに適宜格助詞や係助詞が付与されたものであり，それらの係り受けとして統語構造がとらえられている．

一方，これらが異なっているのは，UD では前置詞と名詞とを同列に扱い，前置詞との名詞との依存関係を他の品詞の依存関係と同様に表現する一方で，日本語学では格助詞や係助詞は文節を形成する要素としてとらえられ，内容語とこれら助詞との係り受けは想定していない，という点である．日本語文の依存構造の UD による表現の実態は，Asahara et al.（2008）を参照．

2.4.4. UD における依存関係の分類

この節では，UD における依存関係の分類について説明する．UD では，依存関係は主要語の性質の観点と依存要素それ自体の品詞の観点から分類されている．主要語の性質の観点からは，動詞に依存する述語項（*core arguments*）と付加的依存要素（*non-core dependents*），そして名詞に依存する名詞的依存要素（*nominal dependents*）の三つに分類される．さらに，依存要素それ自体の品詞に応じ，名詞的要素（*nominals*），節的要素（*clausal*），修飾語句（*modifiers*）そして機能語（*functional words*）に分類される．そして，これらの分類にあてはまらない特別な依存関係も想定されている．

これらの分類をまとめたものが以下の表である．それぞれの依存関係の詳細については，応用編で適宜説明する．

表 2.3：UD での依存関係の分類

	名詞的要素	節	修飾語句	機能語
述語項	NSUBJ OBJ IOBJ	CSUBJ CCOMP XCOMP		
付加的依存要素	OBL VOCATIVE EXPL DISLOCATED	ADVCL	ADVMOD DISCOURSE	AUX COP MARK
名詞的依存要素	NMOD APPOS NUMMOD	ACL	AMOD	DET CLF CASE

	並列関係	複語表現	緩い依存関係	特殊な依存関係	その他
特別な依存関係	CONJ CC	FIXED FLAT COMPOUND	LIST PARATAXIS	ORPHAN GOESWITH REPARANDUM	PUNCT ROOT DEP

（参考：https://universaldependencies.org/u/dep/all.html（2022 年 5 月 27 日閲覧））

述語への依存要素に関しては，UD の前身である Stanford Universal Dependencies（SUD）について説明している de Marneffe et al. (2014) が，次の四つの特徴をあげている．第一に，述語項と付加的要素とは区別されている．第二に，直接目的語とそれ以外の目的語とを区別している．第三に，能動態の主語と受動態の主語とを区別している．最後に，動詞に対して名詞が依存している場合と別の動詞が依存している場合とを区別している．

特にこの最後の特徴については，de Marneffe et al. (2014) では節が別の節に依存する場合には依存関係の名称で区別する，とされている．この点に関して，動詞が別の動詞に依存する場合には，従属語の動詞は名詞へと転用される，とする ESS の転用概念とは異なっていることに注目したい．

第3章

単純な図式

前章までで，主要な依存文法理論の概略を紹介した．本章では，その内容を踏まえ，それらを抽象化して表現した単純な図式を紹介し，より抽象度の高い観点からの依存文法理論の定義づけを試みる．[1]

そもそも，「文中の単語間依存関係」とは何か．この疑問に答えるにあたり，複数の依存文法理論的枠組みにおいて共通して前提されている文中の単語間の依存関係を，最も単純な図式で表現すると，以下のとおりである．以下の図式の中では，Word2 は Word1 に対して依存していて，その依存タイプは T であることを表現している．矢印の向きは，主要語から従属語へと向かっている．[2]

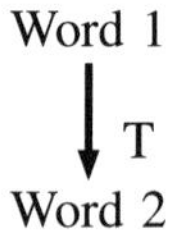

---

[1] この章の内容は，Oya (2014) に基づく．

[2] 依存関係の方向は，日本語文法において伝統的に使われている「係り受け」の関係とは逆になっていることに注意されたい．依存関係は，主要語から従属語へ向かっているが，係り受けの方向は，従属語から主要語である．

例えば，”Sarah wrote this thesis.” という文中の単語間の依存関係について考えてみる．

(1)　Sarah wrote this thesis.

この文中の単語間の依存関係は，以下のとおりである（依存タイプの名前は UD[3] に基づいている）．名詞 Sarah は，動詞 wrote に依存していて，その依存タイプは NSUBJ である．

動詞 wrote は，Root に依存していて，その依存タイプは，平叙文の declarative の略である DECL である．Root とは，UD において依存構造の最も高い位置を占める抽象的結節点として設定されている．本書でもこの表記法に倣うこととする．UD では，文の主節の動詞は，Root に依存タイプ ROOT で依存する，とされている．しかし，平叙文，疑問文，そして感嘆文といった文の種類は，文脈と主節の動詞との関連付けを表現する依存関係のタイプとして表現することを提案する．疑問文の場合には，Root と主節の助動詞との依存関係は DECL とは異なるタイプが与えられる（詳細は後述）．

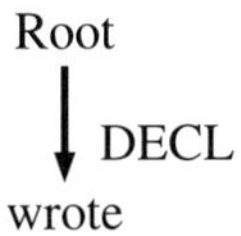

名詞 thesis は，動詞 wrote に依存していて，その依存タイプは OBJ である．

---

[3] https://universaldependencies.org/introduction.html（2022 年 5 月 27 日閲覧）

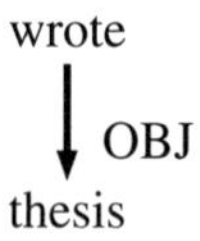

指示詞 this は，名詞 thesis に依存していて，その依存タイプは DET である.[4]

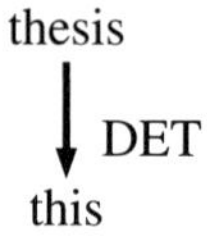

ピリオドは，動詞 wrote に依存していて，その依存タイプは PUNCT (punctuation の略) である.

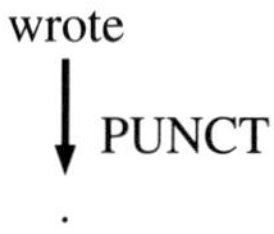

そして，この文の統語構造の全体は，上記の依存関係をまとめた以下の図式で表現される. 文中の各単語の語順は，各単語の右隣の数で表現されている.

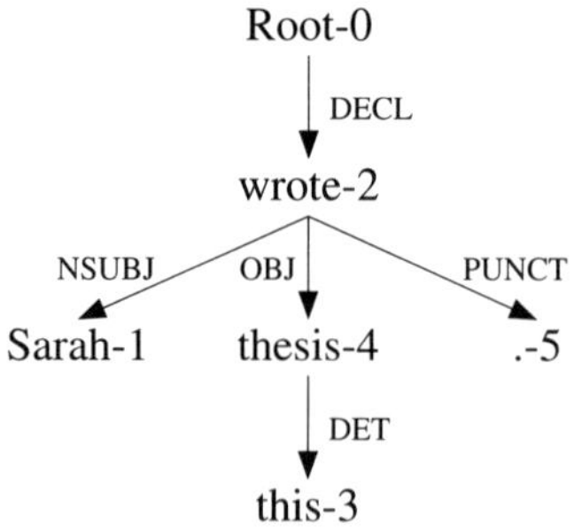

図 3.1：“Sarah wrote this thesis.” の依存構造

[4] この依存関係は，内容語と機能語とが依存関係にある場合「内容語が主要語，機能語が従属語」という方針に従っている.

文の構造を，文中の単語間の依存関係に基づいて，上記のような依存木で表現する前提として，先に提示したもっとも単純化した依存関係の図式から浮上する次の三つの問題を明確にする必要がある.[5]

(i) ある単語が文中の別の単語に依存することになっているのは何故か？

(ii) 依存関係にある二つの単語の一つが主要語で，もう一つが従属語であるのは何故か？

(iii) 各依存関係がタイプ分けされることになっているのはなぜか？

これら三つの問題に答えることが，理論横断的に「依存関係とは何か」という疑問に対して解答を与える一つのアプローチである．以下，本節では，依存文法理論の根幹に関わるこれら三つの質問を取り上げ，その解答を試みる．その際に，依存文法の特定の理論的枠組みのみに偏らない，より抽象度の高い観点からの解答を試みる.

3.1.　文中の単語は同じ文の別の単語に依存する

この節では，「文中の単語は同じ文の別の単語に依存する」という想定が持つ言語学的意義について述べる．これは，ここから先の議論や説明の大前提となっているので，ある程度紙面を割いて説明する必要がある.

まず，依存文法の枠組みにそった言語研究はすべて，「文中の各単語は，他の単語の意味との関連があって初めて意味を持つことができる」，という前提の上に立っている．例えば

(2) I study Dependency Grammar.

---

[5] この三つの問題は，前述の Mel'čuk（2009, 2011）による MTT が最も明確に取り上げている．しかし，これらの問題は MTT という特定の依存文法理論のみに限定されない，文中の単語間の依存関係を把握するための本質的な問題なので，ここでも取り上げることとする.

という文は，「この “study” は，“I” の後ろに置かれ，さらに “dependency grammar” の前に置かれているので，動詞として使われている，そしてこの名詞句 “dependency grammar” は “study” という動詞があらわす動作の対象である，そして ...」といった単語間の関係にかかわる判断があって初めて解釈が可能になる．つまり，文中の単語間の特定の関係を認識できる場合にのみ，これらの単語は単に隣り合って並べられているのではなく，互いに連関しあった統一体として文は適切に解釈されうるのである．これは，Tesnière（1959）がすでに述べている通り，単語間の依存関係は，文を読む人や聞く人の「心の働きによって認識されることが必要である」（第 1 章第 4 節）．そして，その関係は恣意的に決定されるのではなく，ある原理原則に沿って決定される．その原理原則を視覚的に表現したのが，先に提示した単語間の依存関係であり，文中の単語間の依存関係をすべて図式化したものが，その文の依存木なのである．

上記の例文の依存構造は，以下のとおりである．

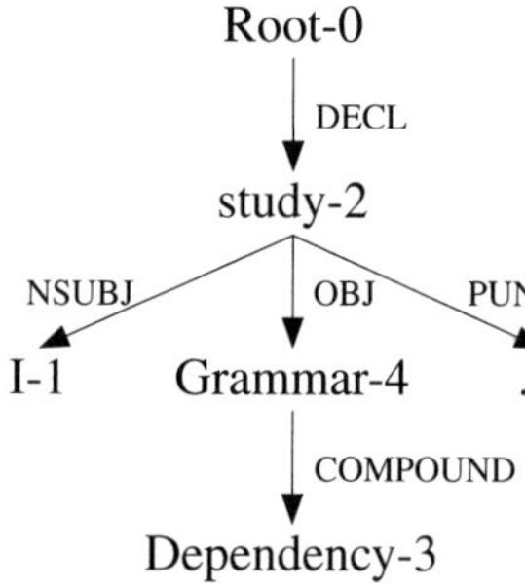

図 3.2：“I study Dependency Grammar” の依存構造

この「文中の単語間の特定の関係の認識」は，母語を使っている場合や既知の言語を使っている場合には意識に上らないものである．ところが，未知の言語の文章に出会ったとき，単語間の特定の関係を認識することの重要性に気づかされる．例えば，以下のような文である．これはイディッシュの文であり，その下にアルファベットによる転記と英訳を添えた．イディッシュはヘブライ語と同様に右から左に読むので，アルファベットによる転記は，単語内のアルファベットは左から右に並べ，単語は右から左に並べている．

(3) די צײַט איז טײַערער פֿון געלט.[6]
gelt fun tayerer iz tsayt di
'Time is more precious than money.'

イディッシュについての知識がない人にとっては，この文は単なる文字列であり，または不明瞭な音のように聞こえるため，聞き手／読み手がこの文を解釈するには，この文中の単語間の関係を認識する必要がある．依存関係とはそのような関係である．上記例文の依存構造は以下のとおりである（依存関係タイプの詳細については，第II部「応用編」を参照）．

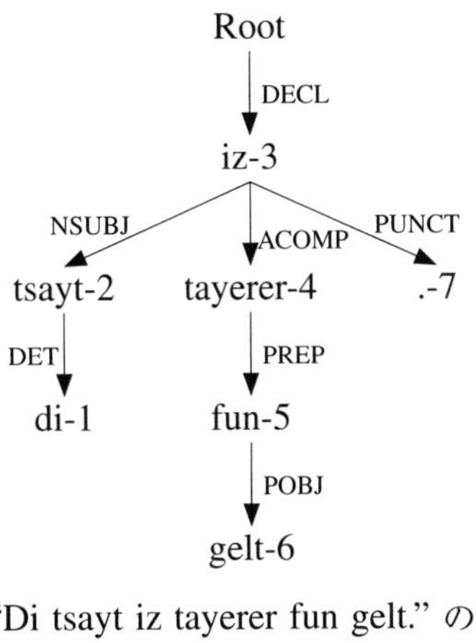

図3.3："Di tsayt iz tayerer fun gelt." の依存構造

依存関係とは，このような意味での文中の単語間の関係である．この関

[6] Yiddish Wit（https://www.yiddishwit.com/List.html）から引用（2022年5月27日閲覧）．

係は，少なくとも母語使用においては，私たちはそれを意識的に学んだうえで知覚できるようになるのではなく，むしろ無意識のうちに前提している，というのが実情であろう．この点において，単語間の関係とはいわゆる「言語能力」の一部であると考えるのが自然である．この能力により，言語使用者は文中の単語間の抽象的な関係を判断し，それを使用して解釈可能な文を生成し，意図した意味を聴き手や読み手に伝えることが可能になる．

第二に，文中の単語が同じ文内の別の単語に依存している必然性を，構成性（compositionality）の観点から説明することが可能である．構成性の概念は，次のように定義づけられている．

> The meaning of a compound expression is a function of the meanings of its parts and of the way they are syntactically combined. (Partee (1984: 281))

この定義を，依存文法の枠組みに当てはめてパラフレーズすると，「複合表現」は文，そして「その部分」は文の各単語，そして，「構成の様態」は単語間の依存関係に基づいている，と言える．この意味で，別の単語に依存する単語は，複数の単語が組み合わされることで形成される表現の中でも最小のものと見なし，それらがいわば意味の最小単位であることが可能である．ここで，依存関係にある二つの単語を，最小依存表現と呼ぶことを提案する（the smallest dependency expression, SCE）.[7] つまり，文の意味をより小さな単位へと分割していった最小単位は，一つの単語ではなく，SCE，つまり依存関係にある二つの単語のペアなのである．最小複合表現が組み合わされる過程を経て，最終的に文の依存構造全体が決定されるのである．例えば，上記の例文 “I study dependency grammar.” には以下の最小依存表現が含まれていて，これらが依存関係に基づいて組み合

[7] この提案は，Oya (2014) に基づく．

わされ，文全体の依存構造が形成されるのである．[8] 下記の最小依存表現では，主要語が従属語の前に置かれている．

(4)　(study, I)
(ROOT, study)
(grammar, dependency)
(study, grammar)
(study, .)

構成性の概念は，生産性（productivity）の概念によって支持されている（Szabó (2020)）．生産性とは，文が特定の適切な構造設定を共有している限り，話者が事実上無限の数の意味のある文を生成して理解する方法を意味する．Szabó（2020）は，言語能力のある話者が複雑な表現を理解できるのは，そのような表現の意味を認識する方法に関する暗黙知，つまり，複雑な表現の構造に関する知識と，その構成要素が持ちうる個々の意味に関する知識を有しているからである，と述べている．単語間の依存関係は，この意味での暗黙知の一部であると理解できる．生成文法研究において文の文法性判断が下される場合，研究者がその判断の拠り所としているのがこの暗黙知である，という指摘もできるであろう．

さらに，構成性の概念は，体系性（systematicity）の概念によっても支持されている（Szabó (2020)）．体系性とは，聞き手が一つの文を理解できれば，その文に構造的に類似した他の文についても，形式的な類推によって理解可能であること意味をする．例えば，聞き手が「デイヴィッドはサラを愛している」を理解できる場合，同じ聞き手は「サラがデイヴィッドを愛している」も理解できることを意味する．この体系性の概念は，聞き手が「サラはデイヴィッドを愛している」を理解できれば，「サラはデイ

[8] この表記法は，前述の（Universal）Stanford Dependencies（de Marneffe et al. (2006, 2008, 2014)）を参考にしている．

ヴィッドを憎んでいる」も理解できるように，言語要素の語彙置換へと拡張可能である．後者の場合，聞き手が動詞の「憎んでいる」の語彙的意味を知らない可能性がある．特に，学習途中の言語の場合にその可能性は高い．それでも，聞き手は「サラはデイヴィッドを愛している」を解釈した際に利用した既知の知識を通じて，最初の名詞，動詞，および2番目の名詞の間の依存関係を認識し，「この文で『サラ』は『憎んでいる』の主語，『デイヴィッド』は『憎んでいる』の目的語である」，といった理解は可能となる．これを手掛かりとすることで，未知の単語の語彙的意味の学習が容易になる．

依存関係にある各単語ペアは，おそらく特定の順序で段階的に組み合わされていくことが想定されているが，その詳細については明らかではない．例えば，主語と目的語の区別に関して，最初に主語と動詞とが組み合わされ，次に目的語が組み合わされるのか，それとも目的語と動詞とが組み合わされ，次に主語と動詞とが組み合わされるのか，といった問題である．この問題は，今後の研究課題の一つである．

3.2. 依存関係にある二つの単語のいずれか一つが主要語である

この節では，依存関係にある二つの単語のいずれか一つが主要語である理由について述べる．この問題は，次のように言い換えることができる．「依存関係ツリーが内心的 (endocentric) であると想定されるのはなぜか．」Bloomfield (1933) によって最初に提案された概念である内心性 (endocentricity) は，その後さまざまな視点から研究されてきた (Adger (2003), Bresnan (1982), Corbett et al. (1993), Hays (1964), Hudson (1984, 2010), Pollard and Sag (1987) 等)．内心性と最小依存表現との関係は次のように説明される．最小依存表現を形成する単語のいずれかが，この最小依存表現全体の「中心」である．最小依存表現の中心である単語は依存関係における主要語とされ，この最小依存表現がさらに他の単語に依存する場合，その中心である主要語がその単語に依存するのである．例えば，いわゆる名詞句中の単語は名詞に依存しており，この名詞が別の単語に依存する．一方，動詞句中の単語は動詞に依存しており，この動詞が別の単語に依存するのである．

これは依存文法の中心的な仮定である．というのも，この依存構造全体の曖昧さを解消する際に重要な役割を果たすからである．内心性は構成性の自然な結果であり，最小依存表現が別の新しい単語に依存してより大きな複雑な表現を形成する場合，件の最小依存表現中の二つの単語のどちらがこの新しい単語に依存するかを一意に決定する必要がある．これとは反対に，二つの単語のどちらも新しい単語に依存する可能性あるとした場合，より大きな複雑な構造を作成する過程で曖昧さが残る結果となる．

この論点を，まず先に挙げた例文 “I study Dependency grammar.” で説明すれば，以下のとおりである．この例文中の目的語名詞句である “Dependency grammar” で，二つの名詞のどちらがどちらに依存しているかを一意に決定しなければ，一つの文に二つの依存木が存在することになる．この文の場合は，Dependency が grammar に依存し，あるいは Dependency が grammar を修飾し，様々な grammar の中でも Dependency に注目する文法，という意味合いで grammar の表している意味内容をさらに限定しているのである．そして，名詞 Dependency ではなく名詞 grammar がさらに動詞 study に依存することで，より複雑な表現が形成されていくのである．

このように，最小依存表現中のいずれかの単語の品詞をこの最小依存表現全体の品詞に決定し，この品詞を手掛かりとして，その単語と別の単語との依存関係が決定され，より大きな依存構造を形成していく，という想定は，文全体の依存構造をできる限り曖昧さの少ないものに形成するために重要な役割を果たすのである．[9]

---

[9] 同様の議論は，Mel’čuk (2009, 2011) でも展開されている．

ここで，複数の解釈の可能性がある文について考える必要がある．というのも，依存関係にある二つの単語のうち，どちらも主要語になりうる場合，複数の解釈が生じうるからである．以下の例文を見てみよう．

(5) Visiting relatives can bother me.

この文は，(a) “Visiting” が主語として動詞 “bother” に依存し，“relative” が “Visiting” に目的語として依存する解釈と，(b) “Visiting” が現在分詞として形容詞的に “relative” に依存し，“relatives” が主語として動詞 “bother” に依存する解釈とが可能である．これら (1) と (2) の解釈の違いは，“Visiting” と “relatives” のどちらが主要語でどちらが従属語かの違いと，これらのうちどちらがさらに別の単語（この文の場合は，動詞 “bother”）に依存するのかの違いからもたらされるのである．

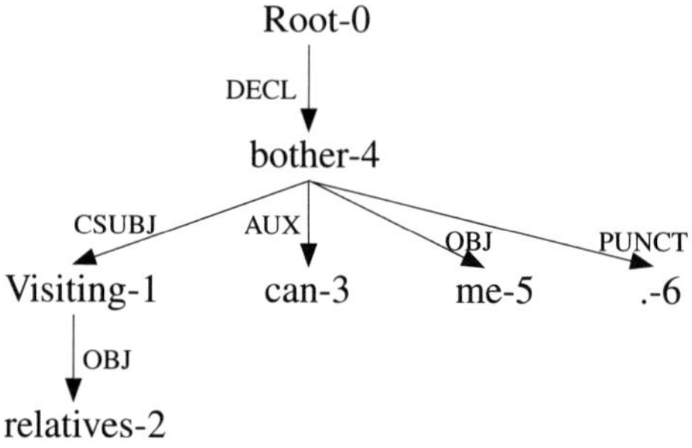

図 3.4：“Visiting relatives can bother me.” の依存構造（上記，(a) の解釈）

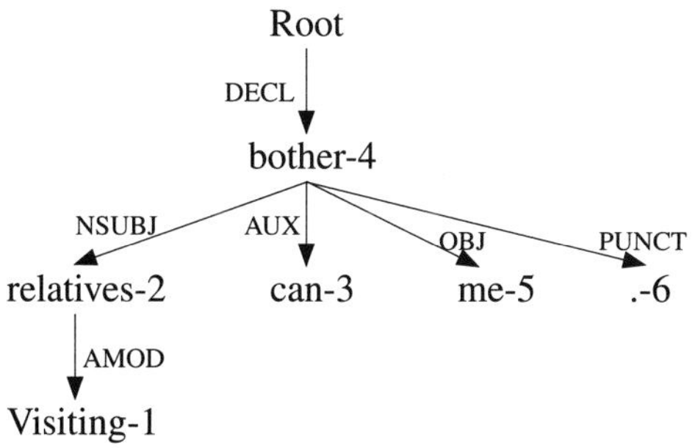

図 3.5：“Visiting relatives can bother me.” の依存構造（上記，(b) の解釈）

そして，このどちらが選択されるべきなのかは，この文がどのような文脈においてどのような意味を表現しようとしたのかに応じて決定されなければならない．

内容語と機能語とが依存関係にある場合，どちらを主要語とするのかが問題となる．例えば，助動詞と動詞の依存関係，be 動詞と形容詞・名詞の依存関係，または決定詞と名詞との依存関係である．ここで注意しなければならないのは，先の “Visiting relatives can bother me” のように主要語と従属語とが交代すると意味が変わる例とは異なり，たとえば助動詞と動詞との依存関係の方向を変えたとしても，文全体の意味が変わるわけではない．したがって，依存関係にある内容語と機能語の単語のいずれを主要語とするのかは，依存木の様々な表記法で異なる決定が下されうる．これは，様々な表記法が背景としている研究目的の違いからもたらされるものである．

例えば，前章でとりあげた四つの依存文法理論では，内容語と機能語の依存関係はどのように取り扱われているだろうか．助動詞と動詞の依存関係，be 動詞と形容詞・名詞の依存関係，または決定詞と名詞の依存関係が，件の四つの依存文法理論でどう扱われているかをまとめたのが以下の表である．この表では，各依存文法理論において，内容語と機能語の依存関係 4 種類に関して，どの品詞が主要語になるかを示している．

表 3.1：四つの依存文法理論で，内容語と機能語との依存関係において，主要語となる品詞の一覧

	ESS	FGD	MTT	UD
助動詞と動詞	助動詞	動詞	助動詞	動詞
be 動詞と形容詞・名詞	be 動詞	形容詞・名詞	be 動詞	形容詞・名詞
決定詞と名詞	名詞	名詞	名詞	名詞
前置詞と名詞	*	名詞	前置詞	名詞

この表が示しているように，個々の依存文法枠組みで，機能語と内容語のどちらかを依存関係の主要語とするのかは異なっている．[10] 前置詞と名詞の依存関係を除けば，ESS と MTT は機能語を依存関係の主要語としている点で類似している．一方，FGD と UD は内容語を依存関係の主要語としている点で類似している．そして，上記四つの枠組みすべてで決定詞と名詞との依存方向は「名詞が主要語，決定詞が従属語」であるが，これは昨今の生成文法研究における DP 仮説とは異なった立場である．

ここで本質的なのは，どの単語間に依存関係が見出されるかであって，内容語と機能語のうちどちらが主要語として選択されるのかは，この本質的決定に付随している問題である．したがって，どの表記法を選択するかは，少なくともその選択が研究目的達成に資するものであり，なおかつ所与の言語資料において曖昧さを最小限に抑えかつ矛盾のない表記が可能である限りにおいて，個々の研究者の判断に任されている，という立場を取りたい．例えば，この点に関し de Marneffe et al. (2014) は UD が「内容語が主要語，機能語が従属語」という依存方向を採用しているのは，UD が語彙主義に基づき，内容語間の依存関係に注目しているから，とその理論的背景を明確に説明している．このことはつまり，異なる理論的背

[10] ESS では，前置詞はいわゆる転用体であり，名詞を副詞相当語句へと変化させたうえで別の単語への依存を可能にする機能を担っている．したがって，「前置詞と名詞との依存関係」は ESS では存在しない．

景からは異なる分析方法が結果として得られることを示唆している．内容語と機能語との依存関係の方向が決まったならば，すべての文に対し一貫してその方向で構文解析することが求められるのである．つまり，ある文では動詞が助動詞に依存し，別の文では助動詞が動詞に依存するような構文解析は望ましくない．

この点を踏まえ，この書籍の後半の応用編では，内容語と機能語のどちらが主要語として選択されるべきかという問題について，内容語が主要語となっている分析と機能語が主要語となっている分析双方を，できる限り平等に取り上げ，それらを比較検討し，最終的な判断は今後の研究の進展にゆだねる，という立場をとることとする．

3.3.　個々の依存関係はタイプ分けされている

この節では，個々の依存関係がタイプ分けされる必然性について説明する．この問題に対しては，最小依存表現の解釈可能性からアプローチすることができる．依存関係のタイプ分けは，最小依存表現の適切な意味的解釈の前提条件である．つまり，最小依存表現は，これを構成する二つの単語間の依存関係に依存関係タイプが与えられて初めて可能になる．例えば，一つの動詞に一つの名詞が依存している最小依存表現について考えてみよう．この最小依存表現は，名詞が主語として動詞に依存しているのか，目的語として動詞に依存しているのか，あるいはこれらとは別の関係で依存しているのかを決定しなければ，一意に解釈できない．次に，名詞が別の名詞に依存している最小依存表現について考えてみよう．それらの間の関係にはいくつかの可能性がある（同格，所有，複合名詞など）．したがって，名詞が別の名詞に依存していると述べるだけでは十分ではない．これらの関係を持つ最小依存表現の意味的解釈は，その表現中の二つの単語間の依存関係のタイプ分けが，その正しい解釈に不可欠である．このように，依存関係のタイプ分けは，最小依存表現の適切な意味的解釈の前提条件なのである．

ここでの前提は，文中の各最小依存表現は，局所的な意味解釈を受け取る必要があるという点である．これは，構成性の自然な結果でもある．複雑な構造全体の意味を解釈するには，その各要素も解釈可能でなければならない．一方，その部分のいずれかが解釈されない場合，構造全体の解釈は不完全なままである．各最小依存表現の局所的な意味解釈が組み合わされることによって，構造全体の完全な解釈が得られるのである．[11]

[11] これは，いわゆるゲシュタルト心理学（Wertheimer（1945）等）の立場，つまり，全体は部分の総和を超えた何かである，とする立場とは異なっているように解釈されるかもしれない．ここではしばらく，文の意味とは各単語の意味が組み合わされた結果として得られた意味，つまり Kant や Frege が言う意味での分析的（analytic）な意味を第一義とする，という理解の上に立って議論を進める．もちろんこれは，その文が発せられた文脈など，個々の単語の意味とは異なる，それを超えた何かへの参照を前提とした意味を全く排除するものではないことは言うまでもない．事実，Frege 自身も文の解釈における文脈の重要性について触れている（Frege（1884），Janssen（2012））．この論点は，前述の結合価についての説明とも関連している．

第4章

まとめ

この理論編では，依存文法を概説するにあたり，代表的な依存文法理論の四つ（ESS，FGD，Meaning-Text Theory，そしてUD）を概観し，文中の単語間の依存関係を表現する単純な図式を紹介し，それがはらむ三つの問題について述べた．次の応用編では，この単純な図式が英語の文法の諸相においてどのように文中の単語の依存関係を表現しているのかを例文を利用しながら説明する．

第II部

応用編

第 5 章

はじめに

応用編では，英語の統語構造を概観することを目的として，理論編で紹介した単語間依存関係の単純な図式が，個々の例文でどのように具体化されるのかを例文とその依存構造を提示しながら説明する．この記述スタイルは，Oya（2010, 2014）を参考にしてはいるが，当該論文では個々の依存タイプについて例文を基に説明する，という方針を採用していた．この応用編ではそのような方針をとらず，英文法の個々の諸相を取り上げて説明する．説明にあたっては，内容語と機能語が依存関係にある場合（「理論編」3.2 節），「内容語が主要語，機能語は従属語」という依存方向の依存構造（以下，**内主機従型**と表現する）と，「機能語が主要語，内容語が従属語」という依存方向の依存構造（以下，**機主内従型**と表現する）とを出来る限り平等に提示することを目指す．説明の順序としては，機能語である助動詞，前置詞，そして決定詞[1] を含む文の依存構造が件の単純な図式でどのように表現されるのかを，内主機従型と機主内従型の双方の依存構造

[1] 代名詞も機能語に分類される品詞ではあるが，代名詞は文中で名詞句と同様の分布を見せることを鑑み，代名詞を内主機従型と機主内従型いずれの場合でも内容語として扱うこととする．

を提示しながら説明する．次に，英文法の諸相に対し，件の単純な図式を使って説明を加えていく．その説明の中で，既存の理論的枠組みによる依存構造表現に問題点があればそれを指摘し，改善策の提案も試みる．

第 6 章

助動詞

この章では，英語で助動詞が使われる構文を取り上げる．助動詞は，機能語の一種であり，動詞を時制やアスペクト，法などの観点から修飾する役割を持つ．現代の統語論では，Inflectional phrase (e.g., Pollock (1989)) を想定するなど，機主内従型，つまり統語構造中で助動詞が動詞よりも高い位置を占める，という分析が主流であるが，UD では内主機従型，つまり節の最も高い位置（以下，この位置を Root 位置と呼ぶ）は機能語に属する助動詞ではなく内容語に属する動詞が占め，この動詞に助動詞が依存する，という原則が貫かれている．この関係を単純な図式に当てはめると，以下のとおりである．この図式では，動詞が主要語，助動詞が従属語であり，その依存タイプは AUX である．[1]

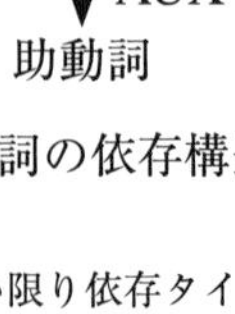

図 6.1：動詞と助動詞の依存構造（内主機従型）

[1] 以下，応用編では，特に指定がない限り依存タイプの名称は UD に倣うこととする．

動詞と助動詞との間に依存関係があり，その依存タイプは AUX と名付けられる点については問題がないが，動詞に対して助動詞が依存する，という依存の方向については異論があるかもしれない．この点を鑑み，この「動詞に助動詞が依存する」という内主機従型依存方向とは逆に，「助動詞に動詞が依存する」，という機主内従型の方向を取った場合についても取り上げる必要がある．この関係を単純な図式に当てはめると，以下のとおりである．この図式では，助動詞が主要語，動詞が従属語であり，その依存タイプは VCOMP (*verbal complement*) と名付ける．[2]

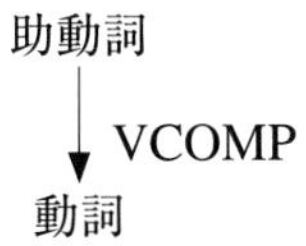

図 6.2：動詞と助動詞の依存構造 (機主内従型)

この節では，助動詞の例文すべてに対して双方の方針に沿った依存構造を提示し，最終的にどちらを採用するかを読者が判断するための材料とする．提示の順序は，内主機従型依存構造を先に提示し，その次に機主内従型依存構造を提示する．

この節では，助動詞を含む文を，動詞が (i) 原形で現れる場合，(ii) 現在分詞形で現れる場合，(iii) 過去分詞形で現れる場合，そして (iv) to 不定詞で現れる場合の四つに分類し，それぞれの場合について例文とその依存木を例示しながら概観する．その後，英語で助動詞が使われる構文として重要な否定文と疑問文の依存構造について概観する．

---

[2] VCOMP という名称は，語彙機能文法 (Lexical-Functional Grammar, LFG) (Bresnan (1982)) に基づく．

6.1. 動詞が原形で現れる場合

この節では動詞が原形として現れる場合の依存構造に注目する．このような場合には，法助動詞を含む平叙文，仮定法過去，そして do-support がある．この場合，内主機従型の依存構造では，この動詞は依存構造の Root 位置に現れ，法助動詞はこの動詞原形に依存する．一方，機主内従型の依存構造では，Root 位置には法助動詞が現れ，動詞原型はこの法助動詞に依存する．

6.1.1. 法助動詞を含む平叙文

この場合の依存関係の図式は，内主機従型では以下の通りとなる．

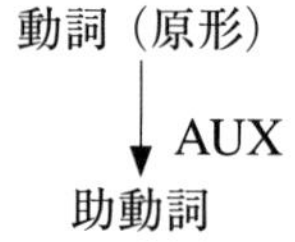

図 3：動詞原形と助動詞の依存構造（内主機従型）

(1) Sarah *can drive* a car now.

この例文の依存構造は以下のとおりである．[3]

---

[3] 主節の動詞は ROOT に依存し，その依存タイプは declarative の省略である DECL とする．

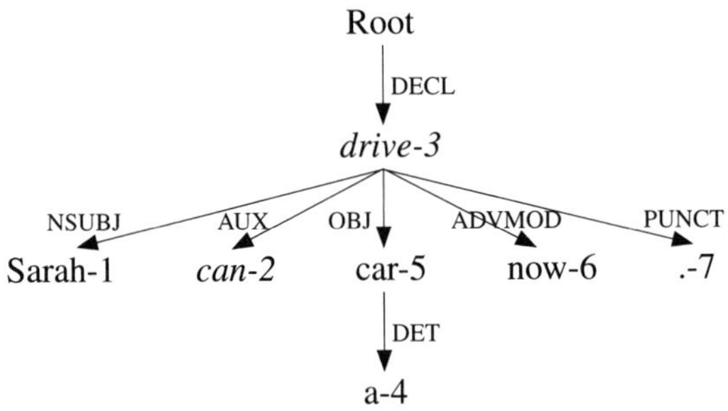

図 6.4：例文（1）の依存構造（内主機従型）

一方，例文（1）の機主内従型の図式と例文の依存構造は以下のとおりである．

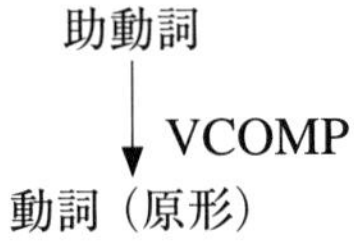

図 6.5：動詞原形と助動詞の依存構造（機主内従型）

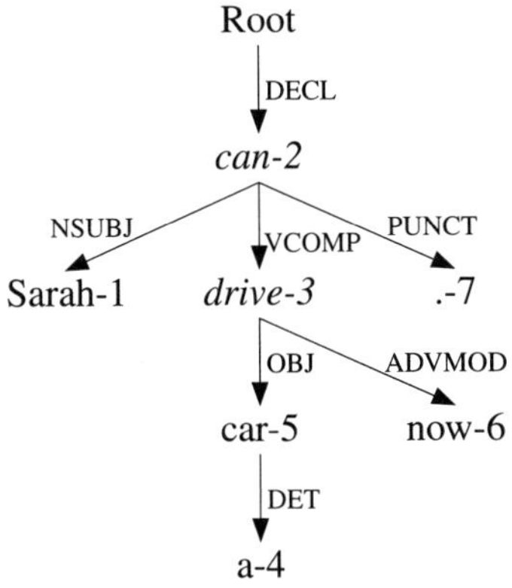

図 6.6：例文（1）の依存構造（機主内従型）

6.1.2. 仮定法過去

仮定法過去の場合には，内主機従型では動詞原形に法助動詞 could, might, should, または would が依存する．

(2)　(If Sarah had driver's license,) she *would drive* a car now.

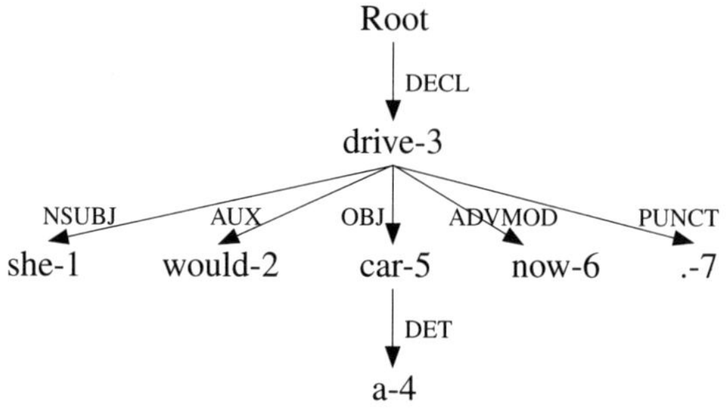

図 6.7：例文 (2) の依存構造 (内主機従型)

一方，機主内従型では法助動詞 could, might, should または would に動詞原型が依存する．

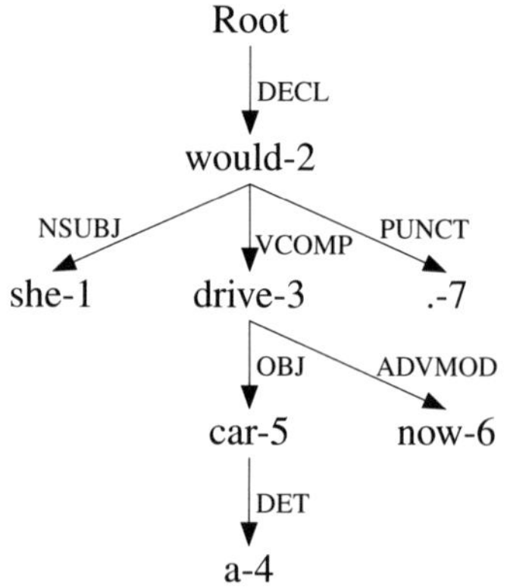

図 6.8：例文 (2) の依存構造 (機主内従型)

6.1.3. Do-support

英語の統語において特徴的な現象の一つが do-support である．

（3）　Sarah *does drive* a car now.

例文（3）の内主機従型の依存構造は以下のとおりである．

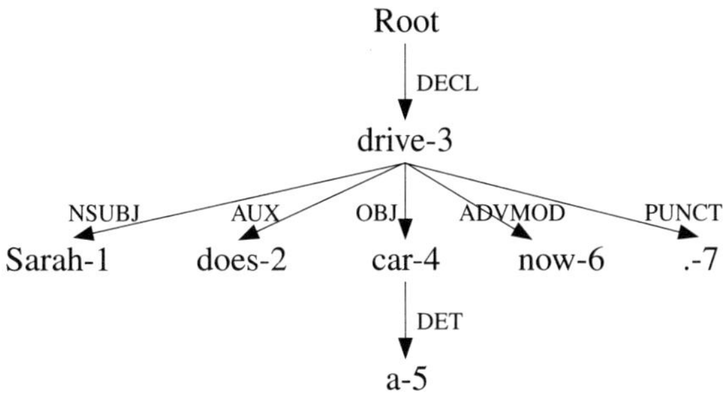

図 6.9：例文（3）の依存構造（内主機従型）

ここで，動詞 do は数と人称に関して主語の名詞と一致している．この点に関して，内主機従型依存構造では，主語と動詞 do との一致関係を依存構造に基づいて説明することが難しい．というのも，主語と動詞 do との間に直接的な依存関係が存在しないからである．この一致関係を説明するには，単語間の依存関係とは異なるなんらかの表示レベルを想定することが必要となる．

一方で，機主内従型の依存構造は以下のとおりである．

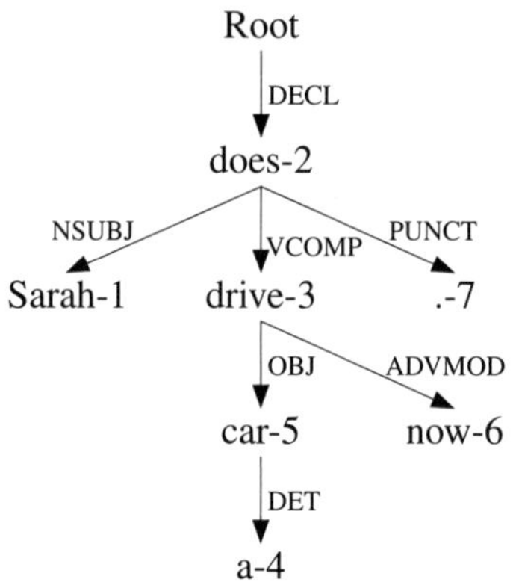

図 6.10：例文 (3) の依存構造 (機主内従型)

ここで注目すべきは動詞と主語名詞との一致関係である．動詞 do は数と人称に関して主語の名詞と一致している．そして，内主機従型の依存構造とは異なり，機主内従型の依存構造では，動詞 do と主語名詞との一致関係は，これらの依存関係と一致している．そして，動詞 do と主語名詞との一致関係を，依存構造以外の表示レベルで説明する必要がないという点で，この分析は内主機従型依存構造より簡潔である．

そして，do-support の特例が，動詞の現在形と三人称主語名詞との数に関する一致関係である．

(4) Sarah drives a car now.

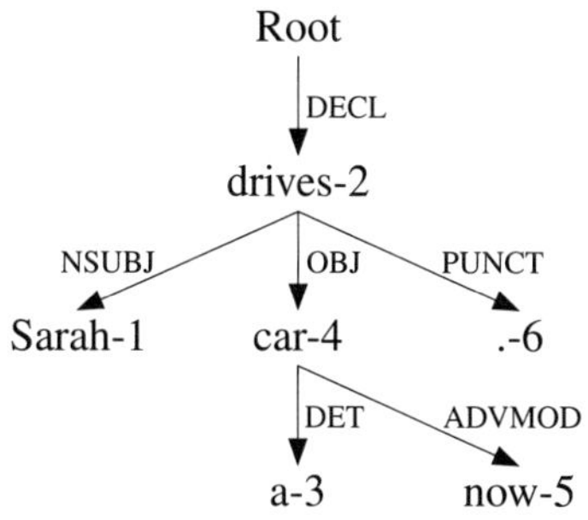

図 6.11：例文 (4) の依存構造

主語名詞と動詞との数に関する一致関係については，主語についての節も参照.

6.2.　動詞が現在分詞形の場合

この節では，主節の動詞が現在分詞形で現れている場合の依存構造に注目する．動詞の現在分詞形は，いわば動詞から派生された形容詞である．内主機従型の依存構造では，この現在分詞形が Root 位置を占めていて，これに対して様々な助動詞が依存する．一方，機主内従型の依存構造では，各種の助動詞が Root 位置を占め，これに対して現在分詞形が依存する．以下，動詞現在分詞形が現れている依存構造を，アスペクトや法ごとに例示する.

6.2.1.　現在分詞形が進行アスペクトを表現するために使用される場合

現在分詞形が進行アスペクトを表現するために使用される場合には，内主機従型の依存構造では，本来の結合価に加えて，be 動詞の依存を必要としている．この場合の依存関係は以下の図式で表現される.

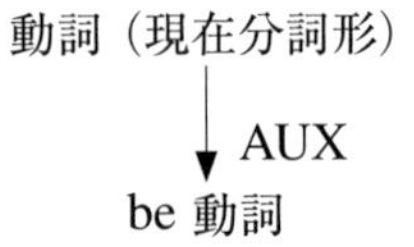

図 6.12：動詞現在分詞形と be 動詞の依存構造（内主機従型）

例文とその内主機従型依存構造は以下のとおりである．

(5) Sarah *is studying* linguistics today.

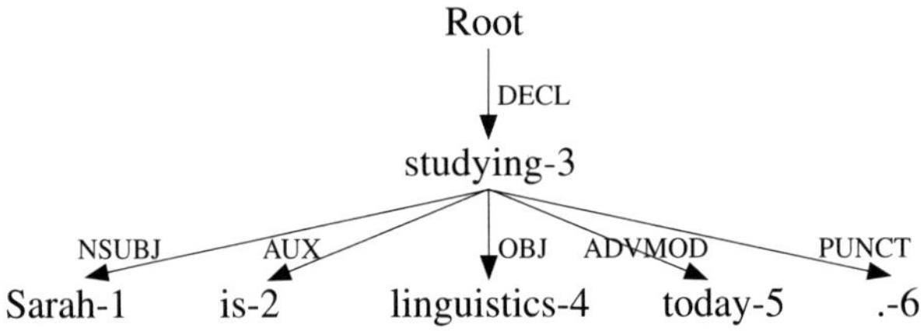

図 6.13：例文（5）の依存構造（内主機従型）

Do-support における主語と do との一致関係の場合と同様に，内主機従型依存構造では，主語と be 動詞との一致関係を依存構造に基づいて説明することが難しい．というのも，主語と be 動詞との間に直接的な依存関係が存在しないからである．この一致関係を説明するには，単語間の依存関係とは異なるなんらかの表示レベルを想定することが必要となる．

一方，機主内従型の依存構造では，現在分詞形は be 動詞への依存を必要としている，とされる．この依存関係の図式は以下のとおりである．

図 6.14：現在分詞形と be 動詞の依存構造（機主内従型）

例文（5）の機主内従型依存構造は以下のとおりである．

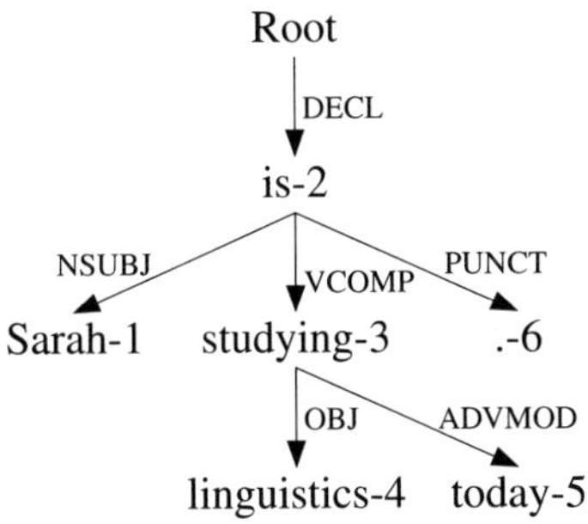

図 6.15：例文 (5) の依存構造 (機主内従型)

ここで注目すべきは動詞と主語名詞との一致関係である．be 動詞は数と人称に関して主語の名詞と一致している．そして，内主機従型の依存構造とは異なり，機主内従型の依存構造では，be 動詞と主語名詞との一致関係は，これらの依存関係と一致している．そして，be 動詞と主語名詞との一致関係を，依存構造以外の表示レベルで説明する必要がないという点で，機主内型依存構造は内主機従型依存構造より簡潔である．

6.2.2. 現在分詞形が完了進行アスペクトを表現するために使用される場合

現在分詞形が完了進行アスペクトを表現するために使用される場合には，内主機従型の依存構造では，本来の結合価，be 動詞の依存に加えて，助動詞としての have の依存を必要とする．この依存関係の図式は以下のとおりである．

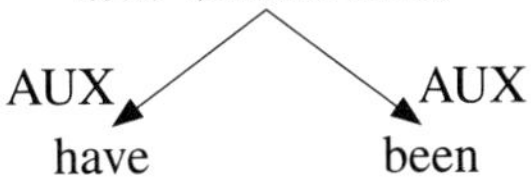

図 6.16：動詞現在分詞形と have および been との依存構造 (内主機従型)

完了進行アスペクトを表現している例文と，その内主機従型依存構造は以下のとおりである．

(6)　Sarah *has been studying* linguistics today.

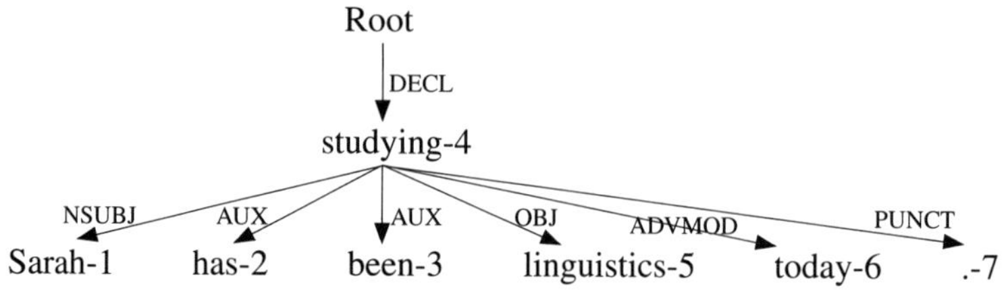

図 6.17：例文 (6) の依存構造（内主機従型）

現在分詞形で過去進行アスペクトを表現する文の依存構造に関し，内主機従型依存構造では，助動詞の have と be 動詞との間には直接的な依存関係がない．be 動詞が過去分詞形であることは，「be 動詞は，助動詞 have と依存先を共有している場合には過去分詞形になる」といった規則を想定する必要がある．

一方，機主内従型の依存構造では，動詞は本来の結合価を保持し，be 動詞の過去分詞形への依存を必要とし，さらにこの be 動詞は助動詞としての have への依存を必要とする．この場合の依存関係は，以下の図式で表現される．この場合，内主機従型依存構造とは異なり，be 動詞が過去分詞形となっていることは，助動詞としての have との依存関係に基づいて説明することが可能になる（動詞が過去分詞形で現れている場合については後述）．

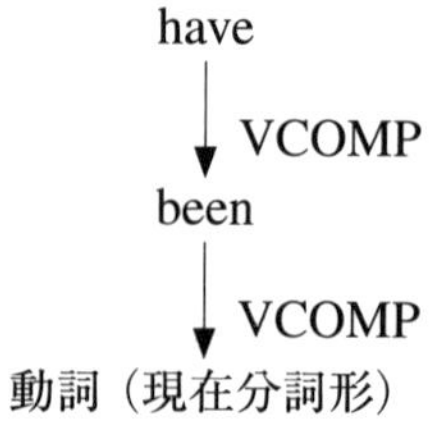

図 6.18：動詞現在分詞形と have および been との依存関係（機主内従型）

前述の例文の機主内従型依存構造は以下のとおりである．

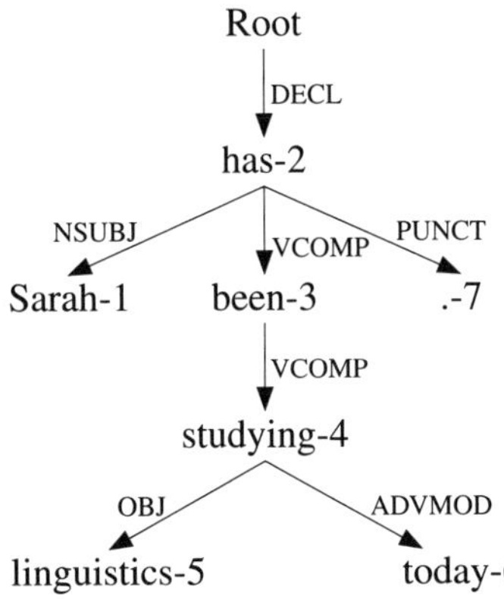

図 6.19：例文（6）の依存構造（機主内従型）

6.2.3. 現在分詞形が仮定法の過去進行アスペクトを表現するために使用される場合[4]

現在分詞形が仮定法の過去進行アスペクトを表現するために使用される場合には，内主機従型の依存構造では，動詞は本来の結合価を保持し，be 動詞と法助動詞 could，might，should または would の依存を必要としている．この依存関係の内主機従型の図式は以下のとおりである．

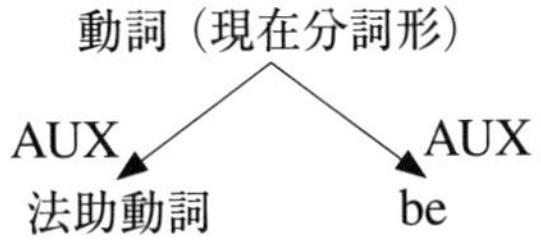

図 6.20：動詞現在分詞形と法助動詞および be 動詞との依存関係（内主機従型）

仮定法過去進行を表現する例文と，その内主機従型依存構造は以下のとおりである．

[4] 未来進行形の依存構造も，この場合と同様である．
(i) Sarah *will be studying* linguistics today.

(7)　Sarah *would be studying* linguistics today.

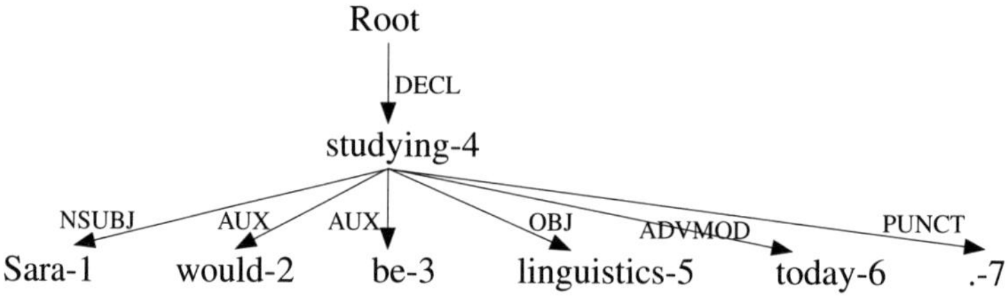

図 6.21：例文（7）の依存構造（内主機従型）

一方，機主内従型の依存構造では，現在分詞は本来の結合価を保持し，be 動詞への依存を必要とし，さらにこの be 動詞が法助動詞への依存を必要としている．この場合の図式は以下のとおりである．この図式は，1.1 節の「動詞が原形で現れる場合」で取り上げた図式を含んでおり，したがって be 動詞が原形であることは，be 動詞と法助動詞との依存関係から導き出される．

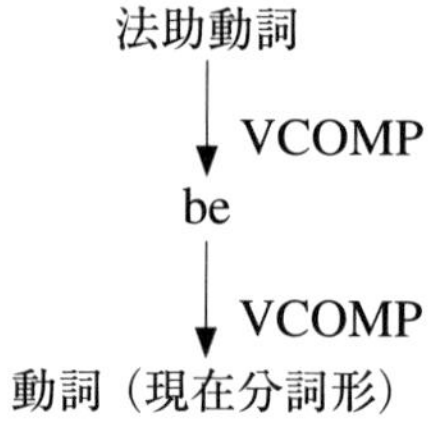

図 6.22：動詞現在分詞形と法助動詞および be との依存関係（機主内従型）

先述の例文（7）の機主内従型依存構造は以下のとおりである．

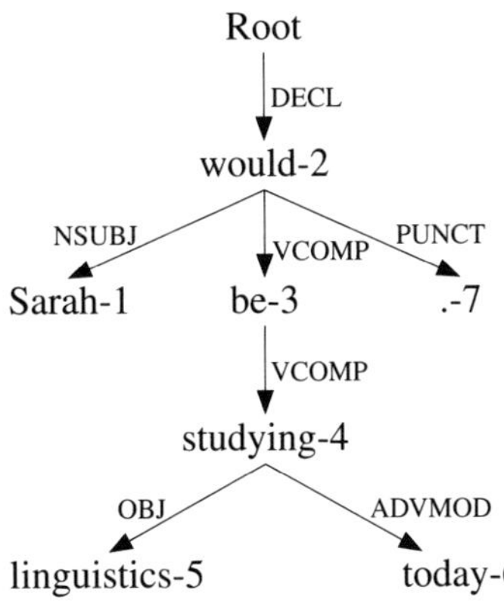

図 6.23：例文（7）の依存構造（機主内従型）

6.2.4.　現在分詞形が仮定法過去の完了進行アスペクトを表現するために使用される場合[5]

現在分詞形が仮定法過去の完了進行アスペクトを表現するために使用される場合には，内主機従型の依存構造では，本来の結合価，be 動詞，助動詞としての have に加えて，法助動詞 could，might，should または would の依存を必要とする．この場合の依存関係は以下の図式で表現される．

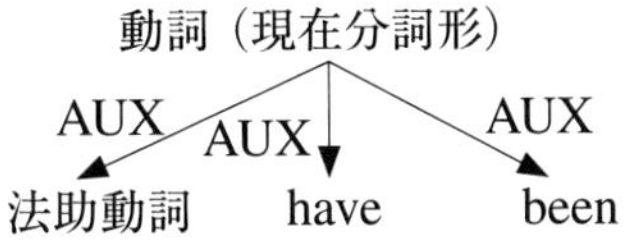

図 6.24：動詞現在分詞形と法助動詞，have，および been との依存関係（内主機従型）

仮定法過去完了進行の例文と，その内主機従型依存構造は以下のとおりで

[5] 未来完了進行形の依存構造も，この場合と同様である．
(i)　Sarah *will have been studying* linguistics.

ある．

(8)　Sarah *could have been studying* linguistics yesterday.

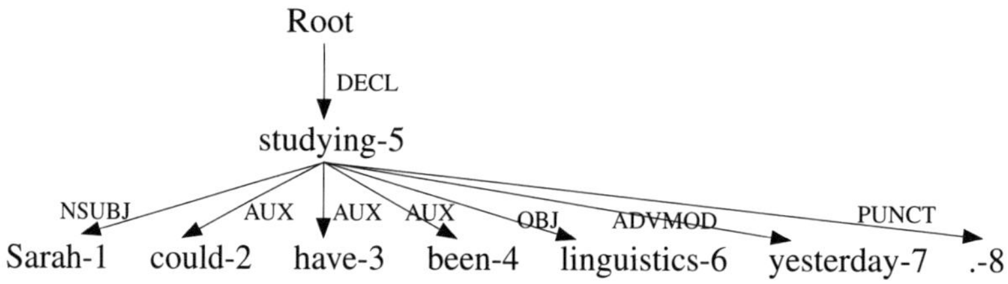

図 6.25：例文（8）の依存構造（内主機従型）

一方，機主内従型の依存構造では，現在分詞は本来の結合価を保持し，be 動詞の過去分詞形への依存を必要とする．さらに，この be 動詞の過去分詞形は助動詞としての have への依存を必要とし，さらにこの have は，法助動詞への依存を必要とする．この依存関係の図式は以下の通り．

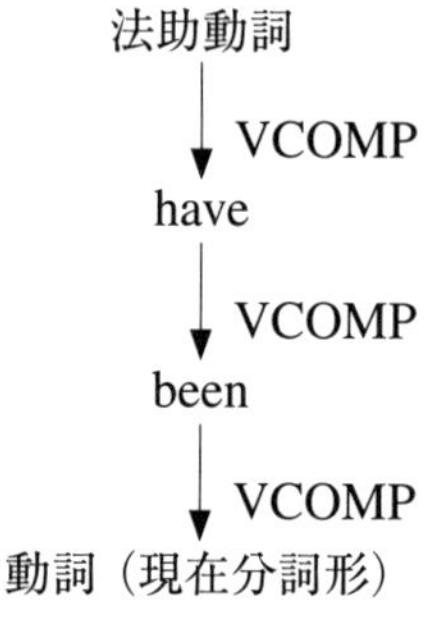

図 6.26：動詞現在分詞形と法助動詞，have，および been との依存構造（機主内従型）

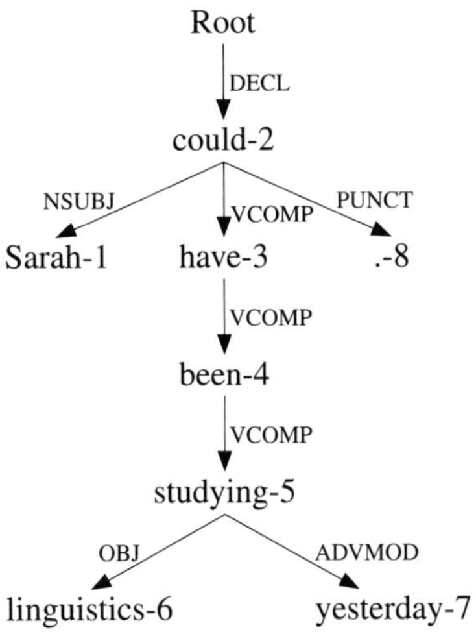

図 6.27：例文（8）の依存構造（機主内従型）

6.3.　動詞が過去分詞形で現れる場合

この節では，同氏が過去分詞形で現れている場合の依存構造に注目する．内主機従型の依存構造では，動詞の過去分詞形が文の依存構造の Root 位置を占めている．そして，どのような態・アスペクトを表現するかに応じて，依存する助動詞や，過去分詞形自体の結合価が変化する．一方，機主内従型の依存構造では，助動詞が文の依存構造の Root 位置を占めている．過去分詞形で注目するべきは，その結合価が変化するという点である．完了時制の場合には動詞本来の結合価は保持され，受動態の場合には結合は一つ減る．以下，動詞過去分詞形が現れている依存構造を，動詞本来の結合価が変化しない場合とする場合それぞれに関して，アスペクトや法ごとに例示する．

6.3.1. 動詞本来の結合価が変化しない場合

6.3.1.1. 過去分詞形が完了・継続または経験アスペクトを表現するために使用される場合

他動詞から派生された過去分詞形が完了・継続または経験アスペクトを表現するために使用される場合には，動詞本来の結合価は変化しない．内主機従型依存構造では，この過去分詞形は助動詞 have の依存を必要とする．この依存関係の図式は以下のとおりである．

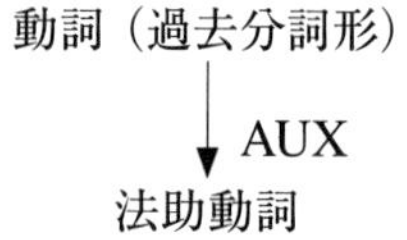

図 6.28：動詞過去分詞形と法助動詞との依存構造（内主機従型）

この場合の例文と，その内主機従型依存構造は以下のとおりである．

(9) Sarah *has written* a term paper.

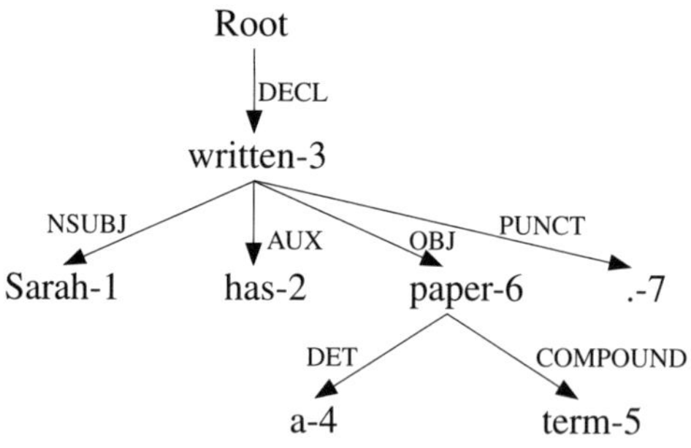

図 6.29：例文 (9) の依存構造（内主機従型）[6]

一方，機主内従型依存構造では，助動詞 have に過去分詞形が依存する．この依存関係の図式は以下のとおりである．

[6] 依存タイプ COMPOUND については，第 17 章を参照．

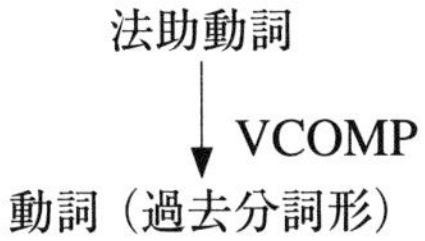

図 6.30：動詞過去分詞形と法助動詞との依存構造（機主内従型）

上述の例文の機主内従型依存構造は以下のとおりである．

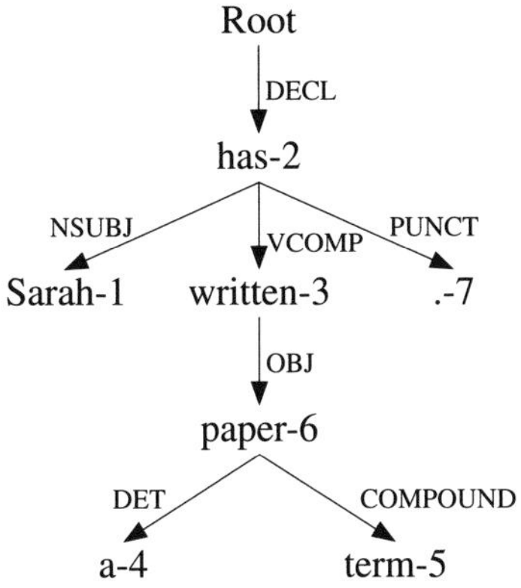

図 6.31：例文 (9) の依存構造（機主内従型）

6.3.1.2.　過去分詞形が仮定法過去完了を表現するために使用される場合[7]

過去分詞形が仮定法過去完了を表現するために使用される場合には，過去分詞形は動詞本来の結合価を保持している．内主機従型の依存構造では，助動詞としての have に加えて，法助動詞 could, should または would の依存を必要とする．

---

[7] 未来完了形の依存構造も，これと同様である．

(i)　Sarah *will have written* a term paper.

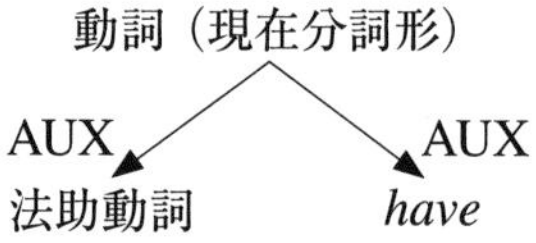

図 6.32：動詞過去分詞形と法助動詞および have との依存構造（内主機従型）

この場合の例文と，内主機従型依存構造は以下の通り．

（10）　Sarah *should have written* a term paper.

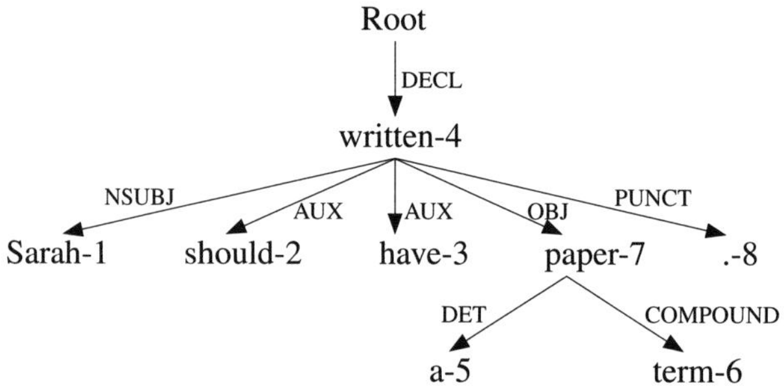

図 6.33：例文（10）の依存構造（内主機従型）

一方，機主内従型の依存構造では，法助動詞に助動詞 have が依存し，さらにこの have に過去分詞形が依存する．この依存関係の図式は以下の通り．

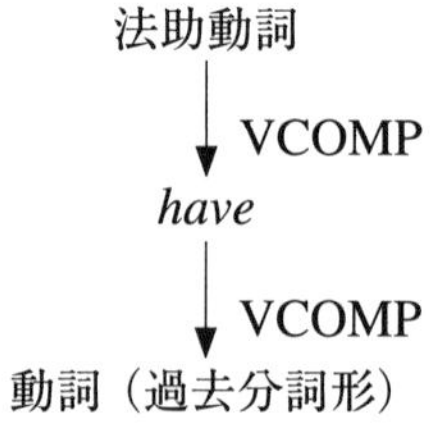

図 6.34：動詞過去分詞形と法助動詞および have との依存構造（機主内従型）

例文（10）の機主内従型依存構造は以下の通り．

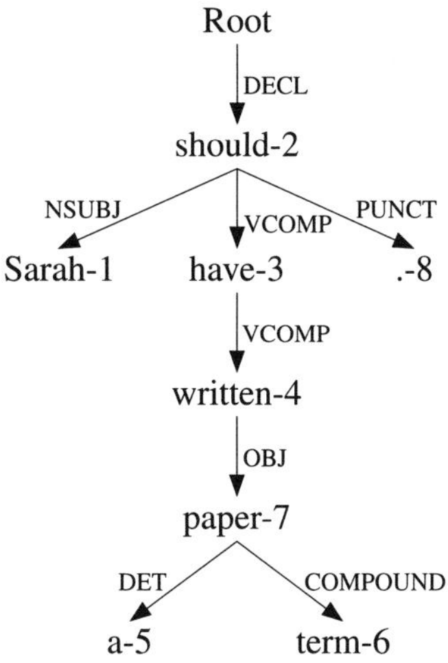

図 6.35：例文（10）の依存構造（機主内従型）

6.3.2.　動詞本来の結合価が変化している場合

6.3.2.1.　過去分詞形が受動態を表現する場合

他動詞から派生された過去分詞形が受動態で使用される場合には，本来の結合価から値が一つ少なくなっている．そして，本来の結合価では目的語に相当する要素が，主語として表現される．内主機従型依存構造では，過去分詞は be 動詞の依存を必要としている．この依存関係の図式は以下のとおりである．

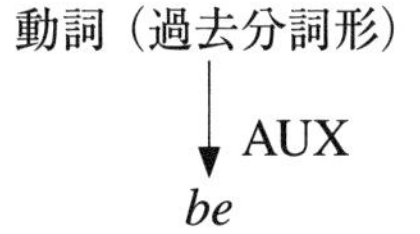

図 6.36：動詞過去分詞形と be との依存構造（内主機従型）

（11）　This term paper *is written* by Sarah.

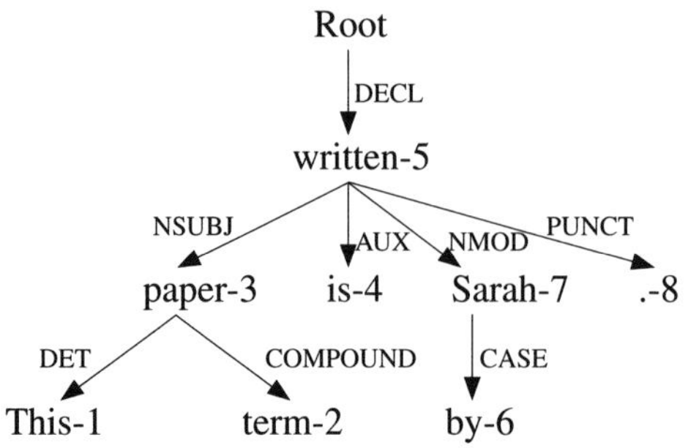

図 6.37：例文（11）の依存構造（内主機従型）[8]

一方，機主内従型依存構造では，過去分詞は be 動詞への依存を必要としている．この依存関係の図式は以下の通り．

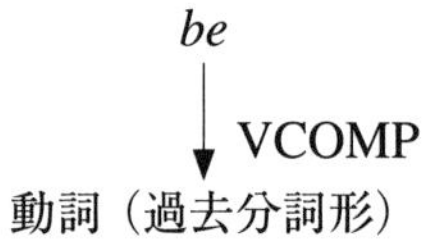

図 6.38：動詞過去分詞形と be との依存構造（機主内従型）

例文（11）の機主内従型依存構造は以下の通りである．

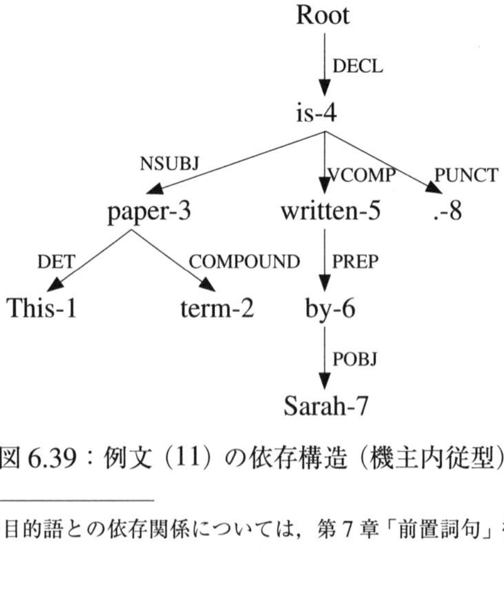

図 6.39：例文（11）の依存構造（機主内従型）

[8] 前置詞とその目的語との依存関係については，第 7 章「前置詞句」を参照．

6.3.2.2.　過去分詞形が完了受動態を表現する場合

過去分詞形が完了受動態を表現するために使用される場合には，他動詞から派生された過去分詞形が受動態で使用される場合には，本来の結合価から主語の依存を必要とする値が少なくなっている．内主機従型の依存構造では，過去分詞形に be 動詞と助動詞としての have とが依存する．この依存関係の図式は以下の通りである．

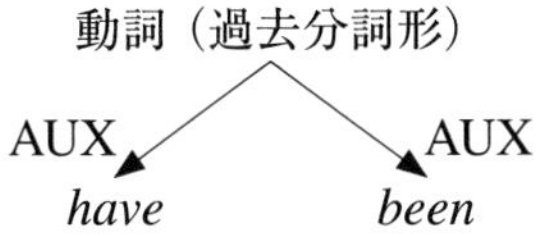

図 6.40：動詞過去分詞形と have および been との依存構造（内主機従型）

この場合の例文と，その内主機従型の依存構造は以下の通りである．

(12)　This term paper *has been written* by Sarah.

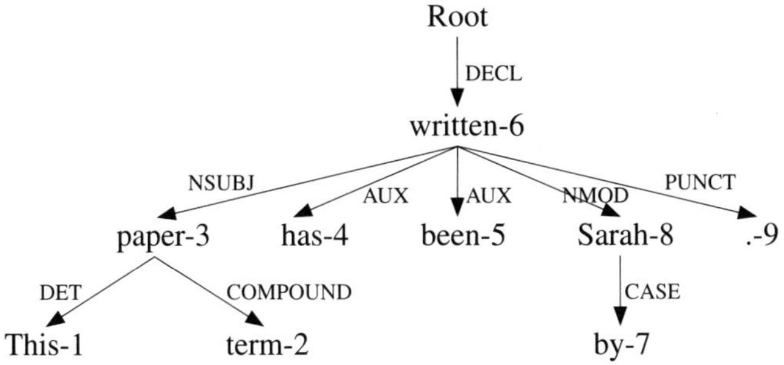

図 6.41：例文（12）の依存構造（内主機従型）

一方，機主内従型依存構造では，過去分詞は be 動詞への依存を必要とし，この be 動詞はさらに助動詞の have への依存を必要とする．この依存関係の図式は以下の通りである．

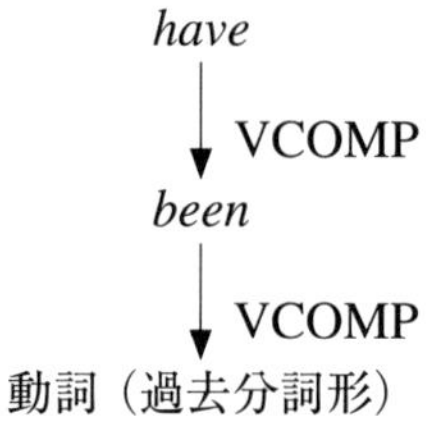

図 6.42：動詞過去分詞形と have および been との依存構造（機主内従型）

例文（12）の機主内従型依存構造は以下のとおりである．

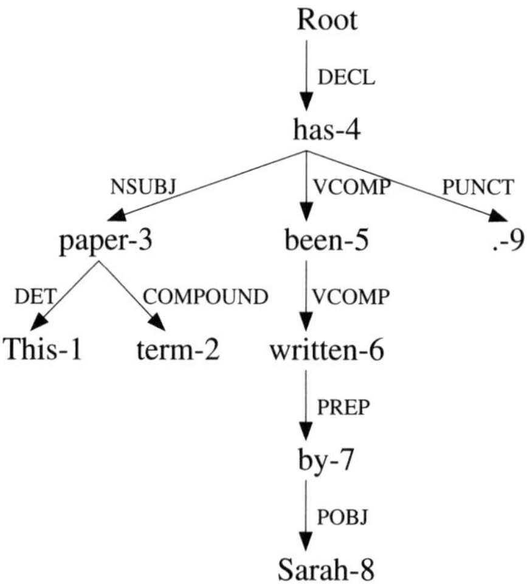

図 6.43：例文（12）の依存構造（機主内従型）

6.3.2.3.　過去分詞形が仮定法過去完了受動態を表現する場合[9]

過去分詞形が仮定法過去完了受動態を表現するために使用される場合には，本来の結合価から主語の依存を必要とする値が少なくなっている．内主機従型の依存構造では，過去分詞形に助動詞としての have の依存と，

[9] 未来完了受動態もこれに準ずる．

(i)　The term paper *will have been written* by Sarah.

法助動詞 could，should または would の依存を必要とする．この場合の依存関係の図式は以下のとおりである．

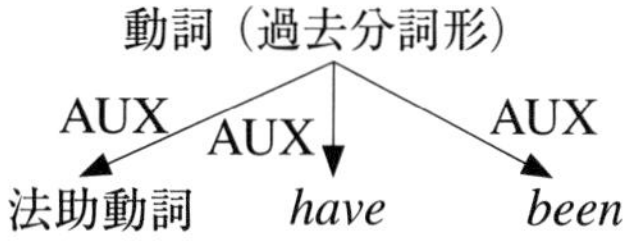

図 6.44：動詞過去分詞形と法助動詞，have および been との依存構造（内主機従型）

この場合の例文と，その内主機従型依存構造は以下のとおりである．

（13）　This anonymous manuscript *should have been written* by Sarah.

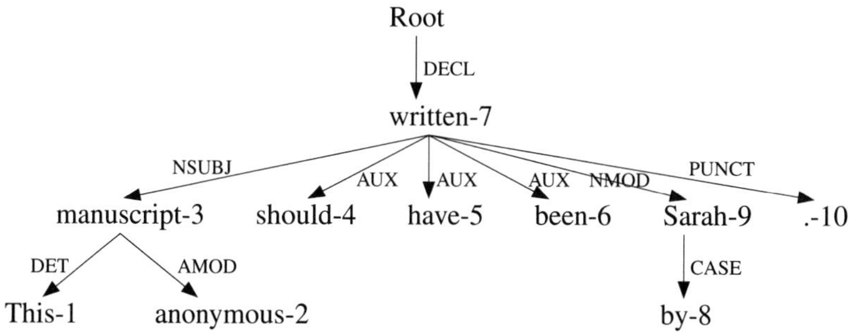

図 6.45：例文（13）の依存構造（内主機従型）

一方，機主内従型依存構造では，過去分詞は be 動詞への依存を必要とし，この be 動詞はさらに助動詞の have への依存を必要とし，さらにこの助動詞 have は法助動詞 could，should または would への依存を必要とする．この場合の依存関係の図式は以下のとおりである．

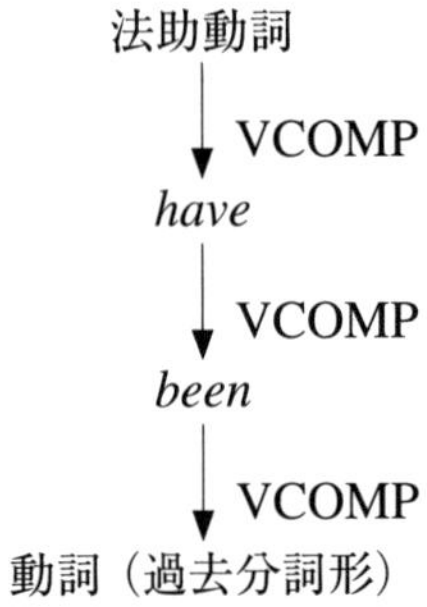

図 6.46：動詞過去分詞形と法助動詞，have，および been との依存関係（機主内従型）

上述の例文の機主内従型依存構造は以下のとおりである．

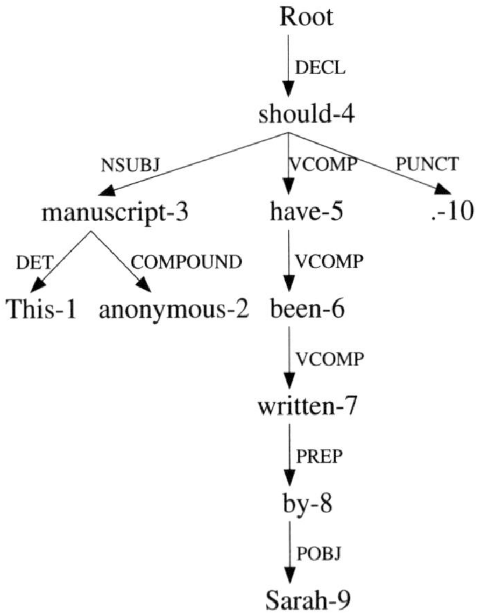

図 6.47：例文（13）の依存構造（機主内従型）

6.4. 動詞が to 不定詞で現れる場合

6.4.1. have＋to 不定詞

have＋to 不定詞構文では，to 不定詞の動詞は節の Root 位置にある have に依存する．UD では，その依存タイプは XCOMP とされている．これは，complement with an external subject を略したものであり，これを言い換えると，補節の動詞や形容詞の主語が補節の外側にある補節を意味している．[10] この依存タイプが使われた構文は，いわゆる制御構文である (Chomsky (1977, 1981), Hornstein (1999), Manzini (1983), Landau (2003) 等)．動詞 A が依存タイプ XCOMP で別の動詞 B に依存している場合，この動詞 A の主語は動詞 B の結合価に含まれる名詞である．下記の例文の場合，不定詞の主語は動詞 has の主語 Sarah である．そして，to は to 不定詞動詞に mark として依存する．（これは，ought to も同様.）

(14)　Sarah *has to study* hard now.

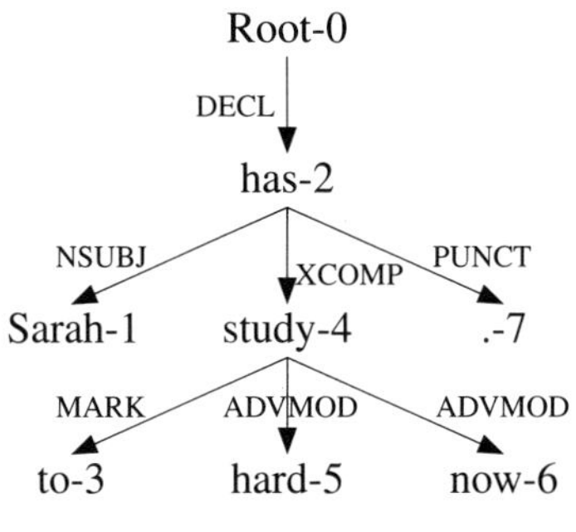

図 6.48：例文 (14) の依存構造

疑問文や否定文では，have＋to では do-support を受ける．つまり，have

[10] これとは反対に，that 節のように，補節の動詞や形容詞の主語が補節の内側にある補節は，complement with internal subject であり，UD ではこれを CCOMP (clausal complement) と名付けている．CCOMP については従属節についての節も参照.

＋to の have は本動詞である，とするのが望ましい．

（15）a.　Sarah doesn't have to go there.

　　　b.　Does Sarah have to go there?

6.4.2.　本動詞としての need

need は本動詞として to 不定詞節をとる用法が主流である．この to 不定詞は，have＋不定詞の場合と同様に need に依存し，その依存タイプは XCOMP である．

（16）　We *need to revise* this document.

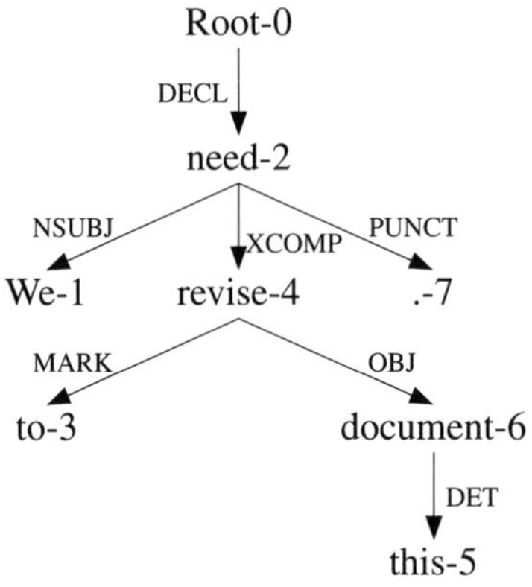

図 6.49：例文（16）の依存構造

（17）　This document *needs to be revised.*

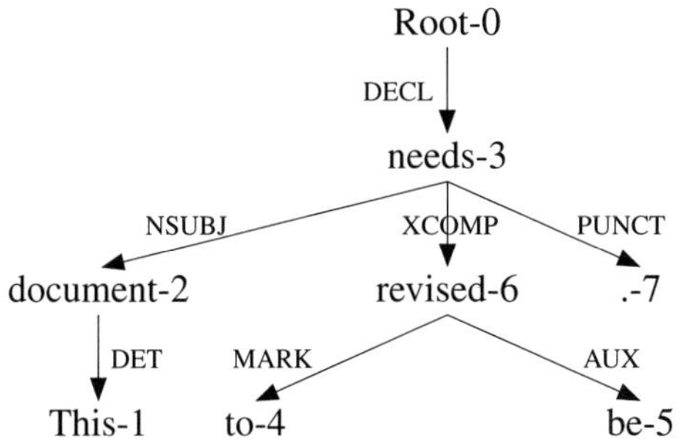

図 6.50：例文（17）の依存構造

動詞 need に動名詞が後続する場合，need の主語はこの動名詞の目的語でもある．そして，この動名詞の主語は，文中には指定されていない，話し手・聞き手であるとは限らない誰かである．

（18）　This document *needs revising*.

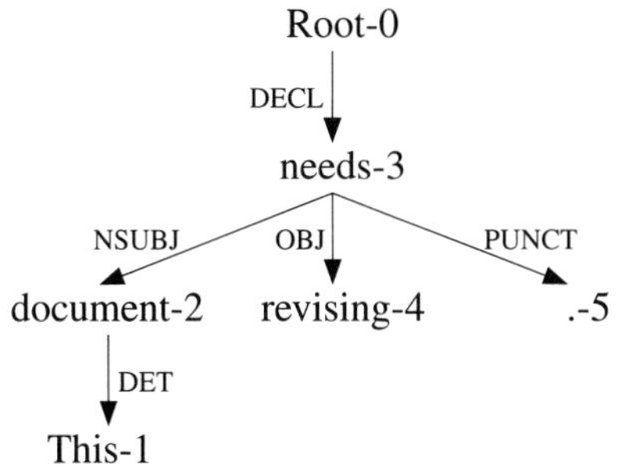

図 6.51：例文（18）の依存構造

need が法助動詞として使われるのは，主に否定文や疑問文である，とされている（cf. *Oxford Advanced Learner's Dictionary*）ので，否定文や疑問文の依存構造について述べる節でも取り上げる．

6.5. 否定文

内主機従型依存構造では，英語の否定文は動詞原形に助動詞が依存し，否定の副詞 not が動詞に依存して表現される．一方，機主内従型依存構造では，英語の否定文は助動詞に動詞原形と否定の副詞 not が依存して表現される．

(19)　Sarah *does not drive* a car now.

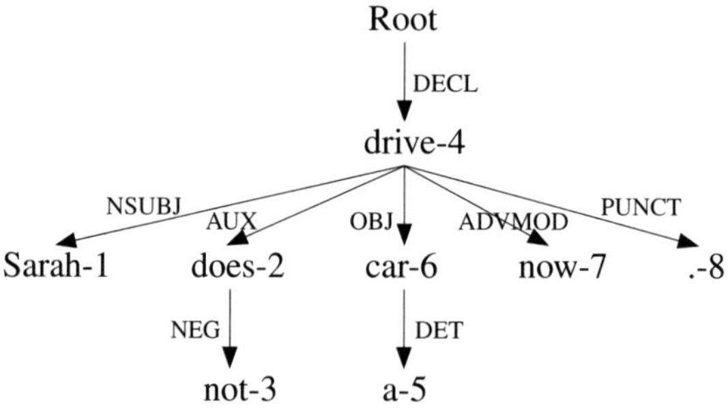

図 6.52：例文 (19) の依存構造（内主機従型）

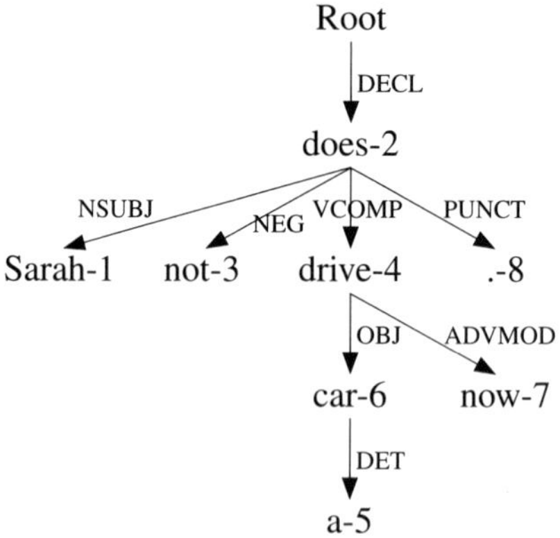

図 6.53：例文 (19) の依存構造（機主内従型）

どちらの場合も，助動詞と not との短縮形は，依存関係にある二つの単語が一つの単語として表現されている，ととらえることができる．その場合，内主機従型依存構造では，依存タイプを AUX:NEG と表現することも可能であろう（この表記は UD にはないものである）．

(20)　Sarah *doesn't drive* a car now.

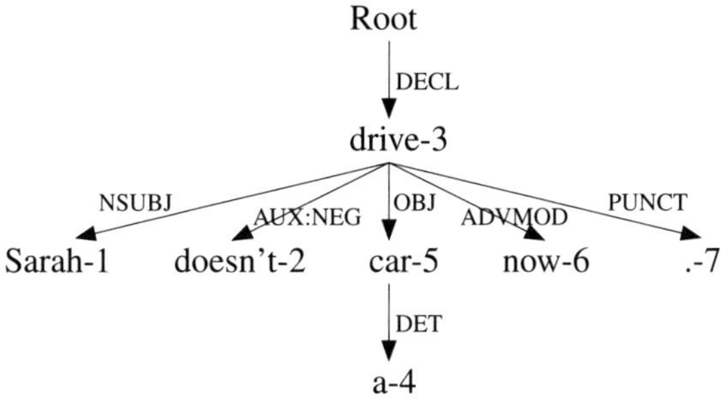

図 6.54：例文（20）の依存構造（内主機従型）

一方，機主内従型依存構造では，助動詞と not の短縮形が文の Root 位置を占めることになる．

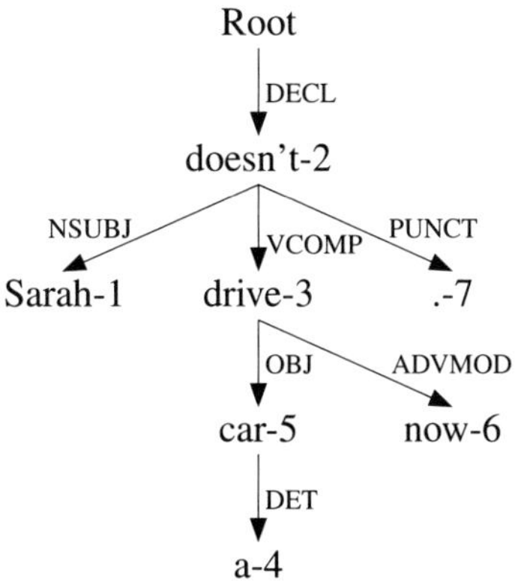

図 6.55：例文（20）の依存構造（機主内従型）

他の法助動詞も同様である．

(21)　Sarah *needn't pay* the money.

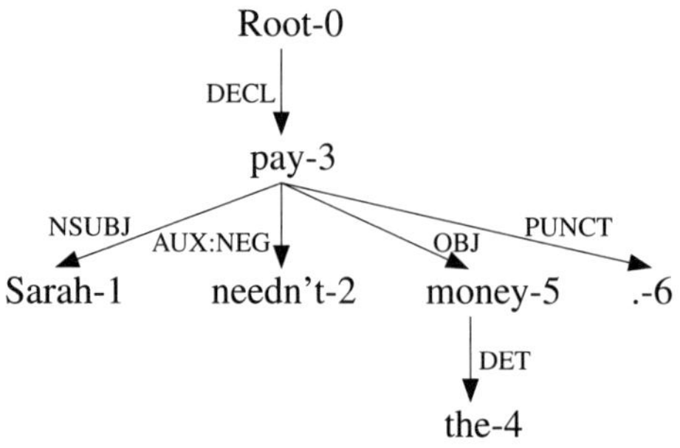

図 6.56：例文（21）の依存構造（内主機従型）

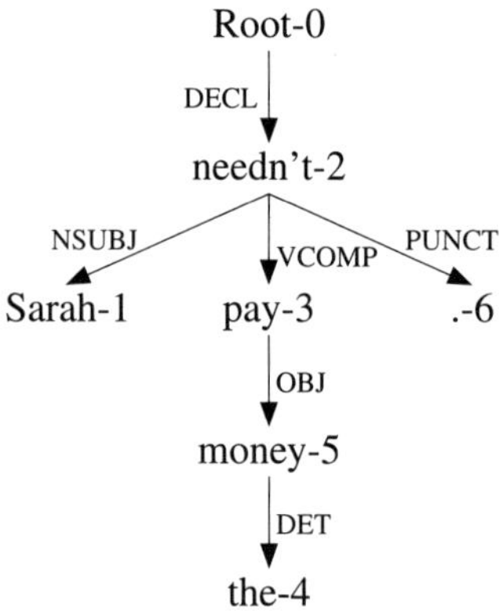

図 6.57：例文（21）の依存構造（機主内従型）

内主機従型でも機主内従型でも，助動詞と not との直接的な依存関係を表現していることを考慮に入れると，短縮形の存在を助動詞と not との依存関係に帰することも可能であるように思われる．

否定の副詞 never が動詞に依存する場合は，助動詞 do, does そして did の依存を必要としない．

(22)　She *never drives* a car.

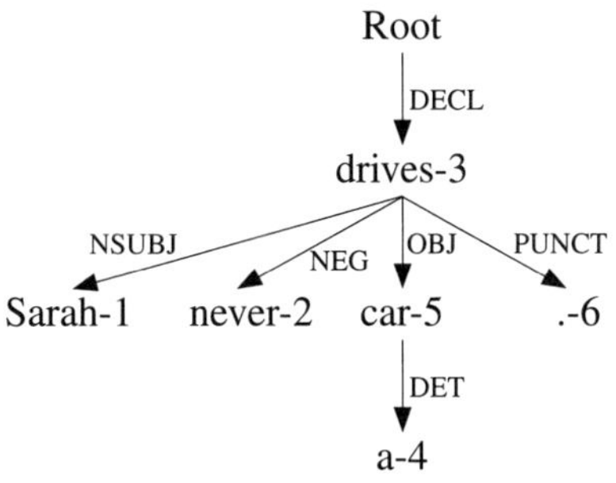

図 6.58：例文（22）の依存構造

6.6. 疑問文

英語の疑問文は，助動詞が関わる構文で重要なものの一つである．英語の疑問文では，主語と助動詞の語順が交代する．Yes-no 疑問文では助動詞が文の先頭に置かれ，wh 疑問文では wh 句が文の先頭に置かれるのが典型的な語順である．Huddleston（2005）では，法助動詞の四つの特徴の一つとして，「疑問文の場合，助動詞が文頭に置かれるが，動詞は文頭には置かれない」とされている．依存文法では，基本的には語順の変化は単語間依存関係を変化させるものではない，とされ，この性質が比較的語順が自由な言語の統語構造の表現に利用されている理由である，と論じる向きもある．しかしながら，そもそもなぜ Yes-no 疑問文で法助動詞と主語の倒置が生じるのか，そして疑問文（そのほかの倒置構文も含めて）には（平叙文には存在しない）法助動詞が生じるのはなぜなのか，wh 疑問文で wh 句が文の先頭に置かれるのはなぜか，さらにはこれに付随して，主語が wh 疑問代名詞の who の場合に do-support が生じないのはなぜなのかについては，生成文法の枠組みで提唱されているような原理的な説明（例えば，Radford（2020）やそれが紹介している参考文献を参照）に対応する説明は，依存文法の枠組みでは研究されていないように思われる．特に，コーパス構築における言語データへの統語構造情報のアノテーション体系として依存文法の思想を援用する問題意識と，「なぜこのような構造を所与の言語は持っているのか」という問題意識とは異なっており，この点は依存文法の今後の研究課題として残されている点を指摘したい．そして，今後の議論の出発点として，まず英語の Yes-no 疑問文の依存構造を提示し，次に各種の wh 疑問文の依存構造を提示する．

6.6.1. Yes-no 疑問文

この節では，英語の Yes-no 疑問文に注目する．英語の Yes-no 疑問文では，主語と助動詞との語順が交代している．そして，内主機従型依存構造でも，機主内従型依存構造でも，平叙文と疑問文とで依存構造の大枠は異なっておらず，主語と助動詞との語順が交代しているのみである．平叙文と疑問文の違いは，Root と助動詞との依存関係タイプが，前者では declarative の略である DECL，後者では question の略である Q と名付けられている点,[11] そして，Root と助動詞との依存関係タイプが Q の場合には，主語と助動詞との語順が交代する，という点である．以下，(1) 動詞が原形で現れる場合，(2) 動詞が現在分詞で現れる場合，そして (3) 動詞が過去分詞で現れる場合それぞれに関し，いくつかの例文を 6.1 節から 6.3 節までから選んでそれらの yes-no 疑問文の依存構造を提示する．

動詞が原形の場合

(23) *Does* Sarah drive a car now?

[11] この説明は，統語カテゴリ C が持っている Q 素性が wh 代名詞を節の先頭に移 動させる，という生成文法での説明を参考にしている（Cable（2010a, 2010b），Chomsky（2008）等）が，wh 代名詞の依存構造内部での移動は想定していないという点では生成文法での説明とは異なっている．

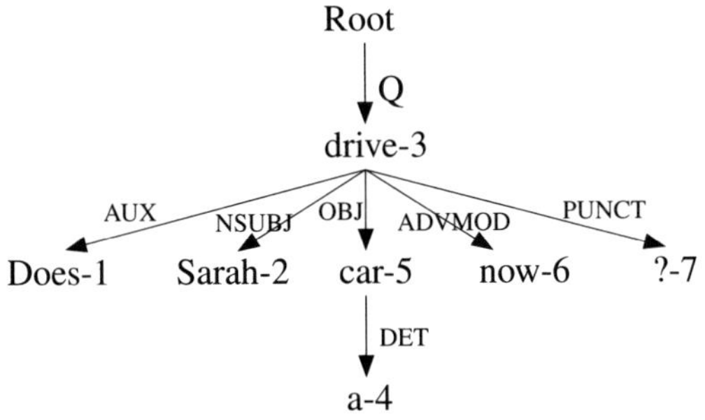

図 6.59：例文（23）の依存構造（内主機従型）

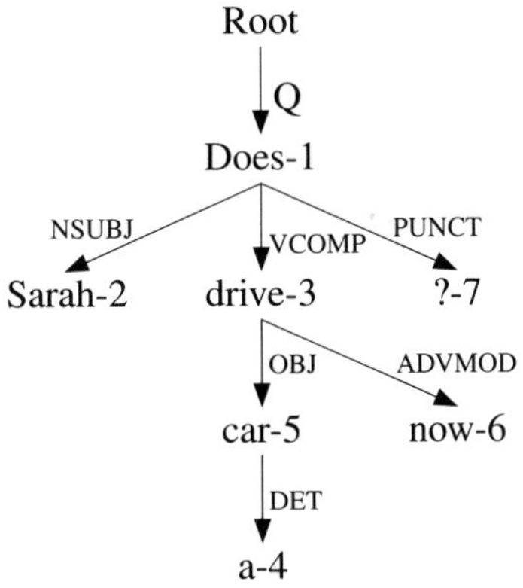

図 6.60：例文（23）の依存構造（機主内従型）

動詞が現在分詞の場合

(24)　*Has* Sarah been studying linguistics today?

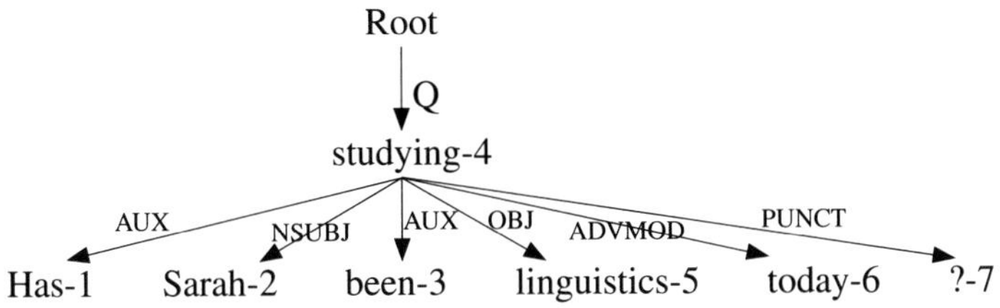

図 6.61：例文（24）の依存構造（内主機従型）

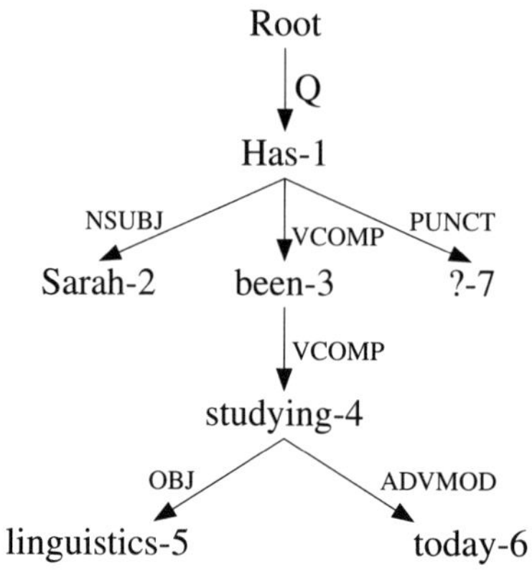

図 6.62：例文（24）の依存構造（機主内従型）

動詞が過去分詞の場合：動詞本来の結合価が変化しない場合

（25）　*Has* Sarah written this term paper?

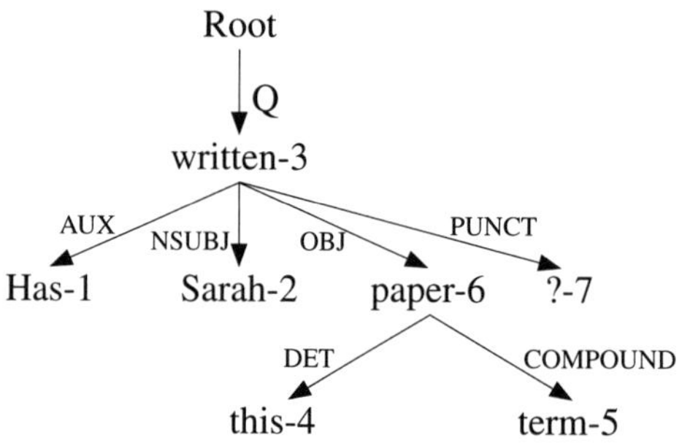

図 6.63：例文（25）の依存構造（内主機従型）

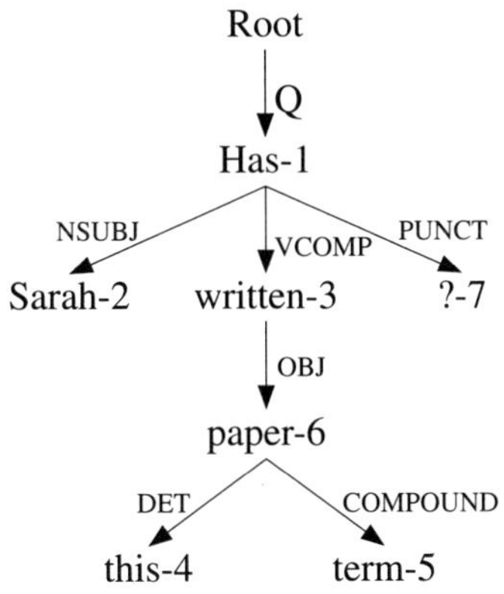

図 6.64：例文（25）の依存構造（機主内従型）

動詞が過去分詞の場合：動詞本来の結合価が変化している場合

（26）　*Is* this term paper written by Sarah?

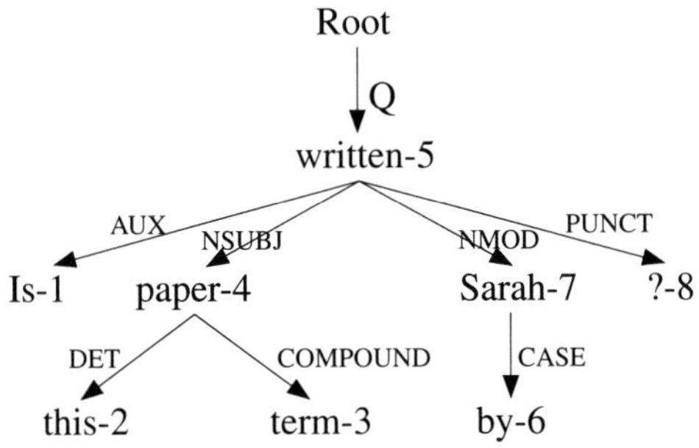

図 6.65：例文（26）の依存構造（内主機従型）

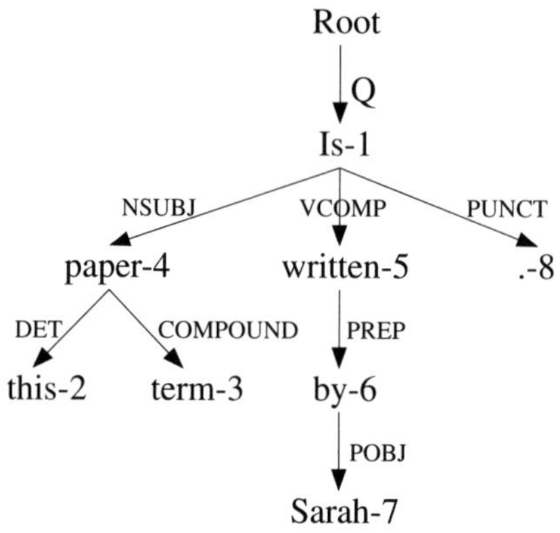

図 6.66：例文 (26) の依存構造（機主内従型）

これらの Yes-no 疑問文でも，平叙文と同様に，機主内従型依存構造では主語と be 動詞の一致関係をそれらの依存関係に基づいて説明可能であるように思われる．

6.6.2.　Wh 疑問文

この節では，英語の Wh 疑問文の依存構造の大枠に注目する．英語では，Wh 句が文の先頭に置かれ，それに助動詞が後続する．Yes-no 疑問文の場合と同様に，主節の動詞との依存関係タイプは Q であるが，wh 疑問文の場合には動詞と wh 代名詞との依存関係をどう表現するかという問題が生じる．この節では，生成文法での研究成果も援用しながら，依存文法の枠組みに則った wh 疑問文の依存構造を提示する．

議論の出発点として，英語では wh 代名詞および wh 副詞が一語で疑問文として使用される事実に注目する．

(27)　What?　When?　Where?　How?　Why?

または，以下の通り，wh 代名詞に導かれた句のみで疑問文として使用される．

(28)　Whose car?　Which car?　In what way?　At whose discretion? On whose behalf?

このような場合の依存構造は，以下の通りであろう．これは，wh 代名詞または wh 副詞にクエスチョンマークが依存しているごく単純な依存構造である．しかし，Wh 代名詞と Root との依存関係のタイプは，前述と同様，平叙文と区別するために，question の略である Q と名付けられている．

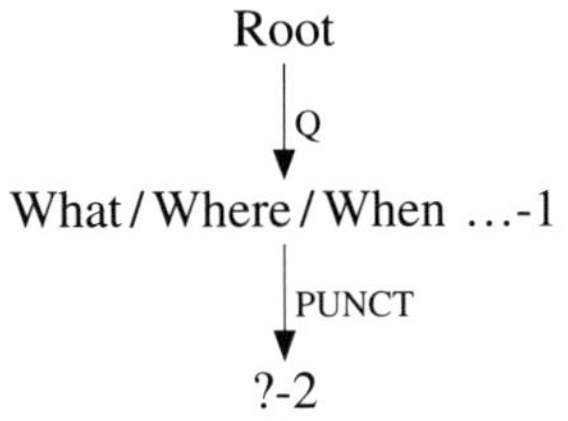

図 6.67：“What? / Where? / When? …” の依存構造

そして，what を含む wh 疑問文は，実際にはこの一語で疑問文として機能している what に，それ以外の節が依存している構造である，と提案する.[12] この代名詞 what とそれ以外の節との依存関係タイプも Q とする．

(29)　What can Sarah drive now?

(30)　Who can drive the car now?

---

[12] 否定の意味を持つ副詞（句）が文頭に立つ場合，倒置構文が使われる．例えば以下のような例文では，Never が文頭に置かれ，主語と助動詞との倒置が生じている．

(i)　Never has Sarah driven the car.

この場合も，否定の意味を持つ副詞（句）が Root 位置に現れ，それ以外の部分がこの副詞（句）に依存する，という依存構造を想定することも可能かもしれない．

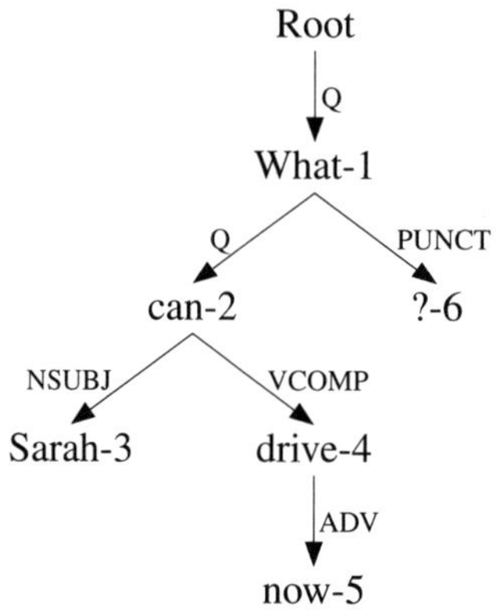

図 6.68：例文 (29) の依存構造

ここで問題になるのが，動詞と wh 代名詞との依存関係をどう表現するかである．上記の依存構造では，wh 代名詞 what は動詞 drive の直接目的語でもあるという依存関係は表現されていない．UD では，「音形を持たない要素の依存関係は想定しない」(Nivre（2015））が，この想定を離れて動詞と wh 代名詞との依存関係を表現するにはどのような表現が可能であろうか．以下，生成文法の知見も援用しつつ，いくつかの可能性を紹介する．

第一の可能性は，音形を持たない要素であるゼロ代名詞（これを PRO と表記する）の存在を想定し，これが wh 代名詞を先行詞に取り，かつ動詞に依存する，という表現形式である (Bresnan (1982))．

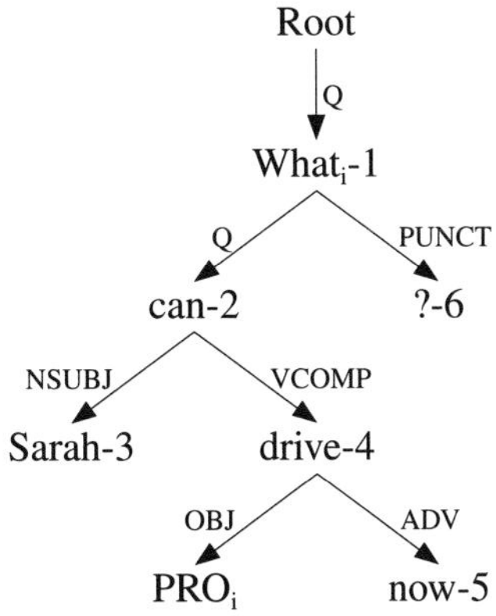

図 6.69：例文（29）の依存構造（PRO を想定した表現）

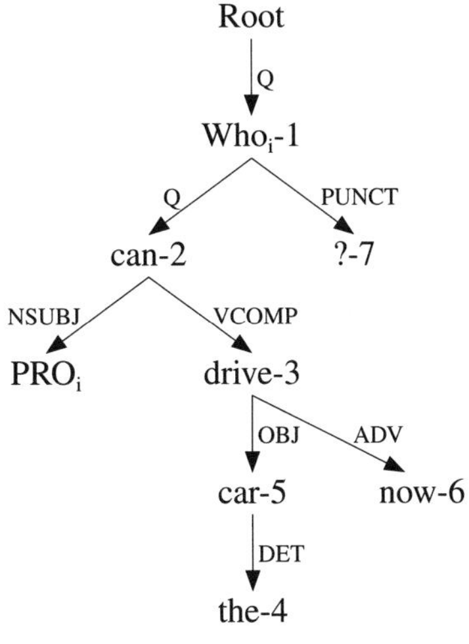

図 6.70：例文（30）の依存構造（PRO を想定した表現）

第二の可能性は，wh 代名詞が Root 位置と動詞の目的語位置とに生じ，実際に発音されるのは Root 位置の wh 代名詞だけである，とする表現形式である．これは，生成文法の枠組みで the Copy Theory of Movement（CTM）と称される説明方針である（Chomsky（1995），Larson（2016），Nunes（2001, 2004），Radford（2020）等）．

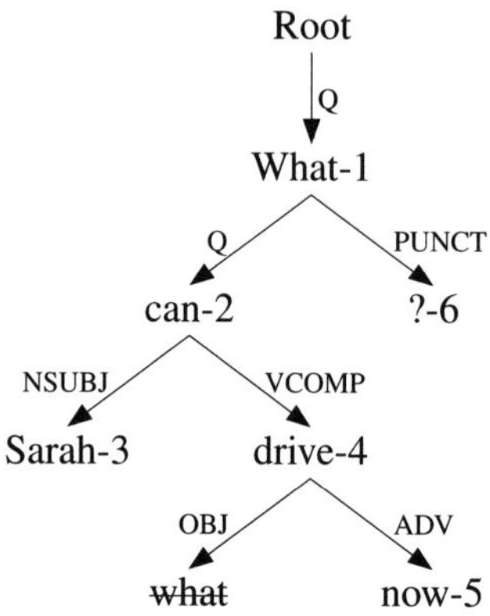

図 6.71：例文 (29) の依存構造 (CTM に基づく表現)

主語が wh 代名詞の場合も同様である．

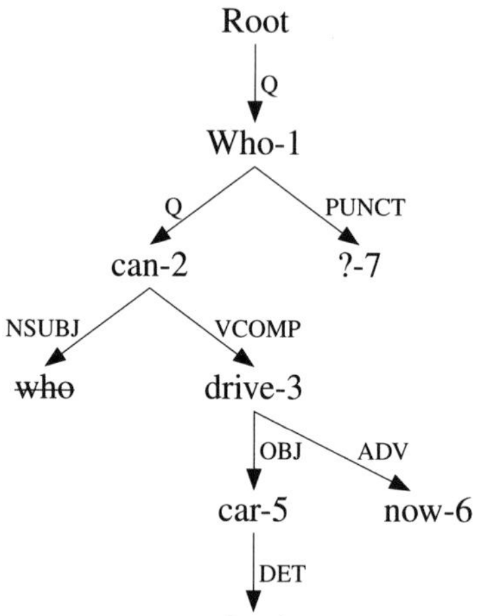

図 6.72：例文 (30) の依存構造 (CTM に基づく表現)

第三の可能性は，一つの wh 代名詞が Root に依存タイプ Q で依存し，動詞に依存タイプ OBJ で依存する，という可能性である．これは，生成文法で多重依存（Multidominance（MD））と名付けられ研究されている

(Epstein et al. (1998), Larson (2016), Starke (2001), Gärtner (2002) 等).

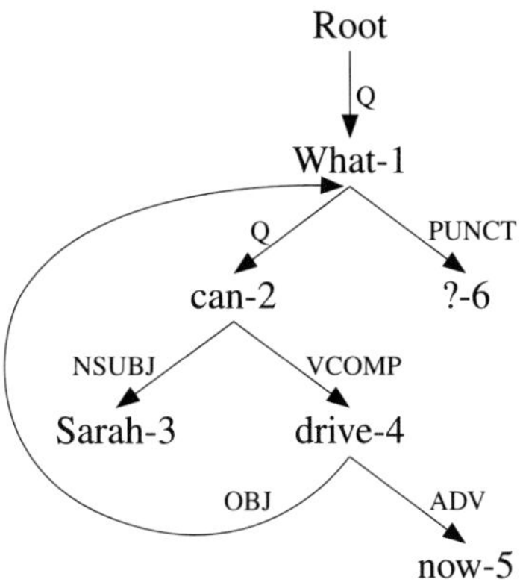

図 6.73：例文 (29) の依存構造 (MD を想定した表現)

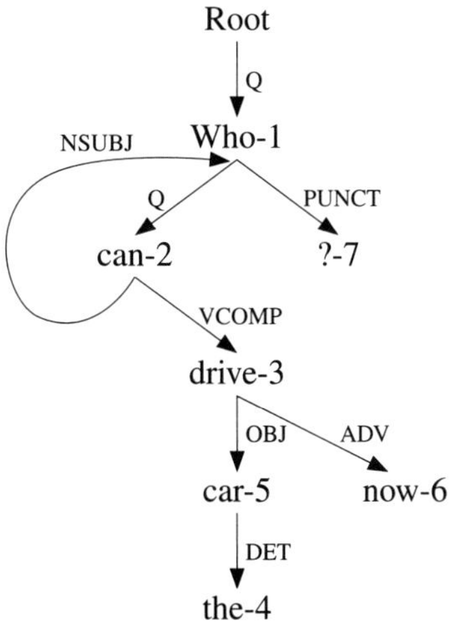

図 6.74：例文 (30) の依存構造 (MD を想定した表現)

第四の可能性は，もっとも単純に，wh 代名詞が疑問文の Root 位置にあるという想定から離れ，疑問文と平叙文の場合とでまったく同じ依存構造を想定し，wh 代名詞は動詞にのみ依存し，これが疑問文の先頭に置かれることを単なる語順の変化として取り扱う UD 的表現である（Nivre (2015)）.

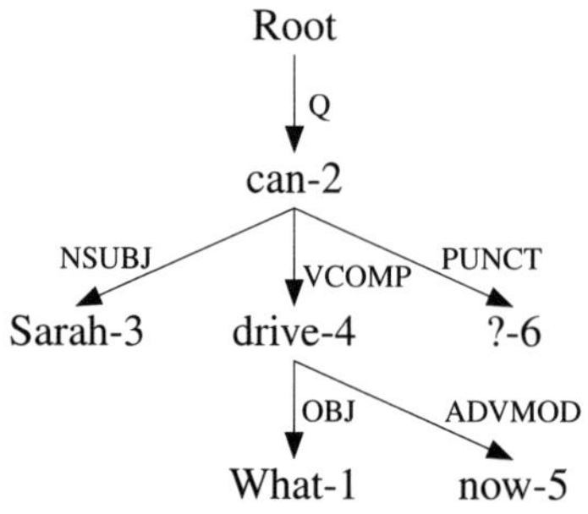

図 6.75：例文 (29) の依存構造 (UD 的表現)

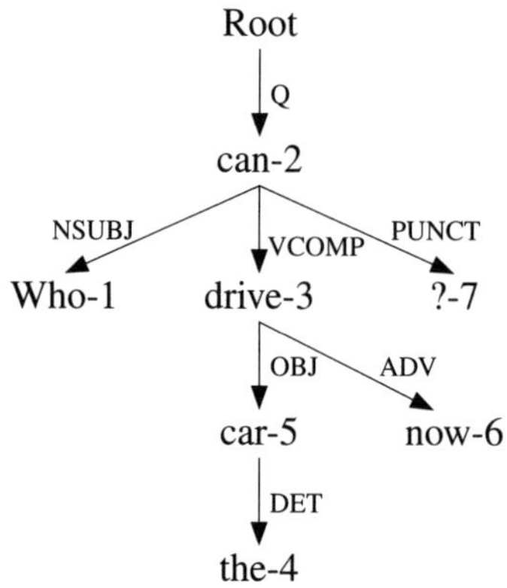

図 6.76：例文 (30) の依存構造 (UD 的表現)

これらの可能性のなかで，どれが最も適切であろうか．まず，ゼロ代名詞の存在を想定する可能性は，wh 副詞（how, when, where, why）を説明できない．副詞は代名詞で置き換えられないからである．そして，仮にゼロ代名詞が他の代名詞と異なり副詞で置き換えられると想定しても，下記の依存構造が示す通り，ゼロ代名詞は動詞に対して依存タイプ ADVMOD で依存することになり，これも他の代名詞とは異なる性質を持つことになる.

(31)　When can Sarah drive a car?

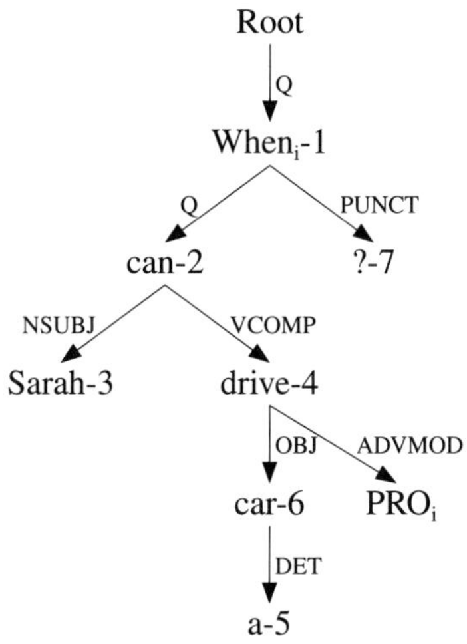

図 6.77：例文 (31) の依存構造 (PRO を想定した表現)

次に, 多重依存は,「一つの単語は同じ文中の別の単語一つだけに依存する」という原則に反している. これらに対し, CTM に基づく表現と, UD 的表現とでは,「疑問文の Root 位置にあるのはなにか」という点で全く異なっているものの, wh 代名詞・wh 副詞とその依存先との依存関係を,「一つの単語は同じ文中の別の単語一つだけに依存する」という原則に則って直接的に表現しているという点で他の二つの可能性より優れている. さらに, CTM に基づく説明では, 英語の疑問文で wh 句が文の先頭に置かれる理由を, 疑問文では wh 句に対して他の要素が依存している, と構造的に説明している点で, 単なる語順の違いとして説明している UD 的説明よりも優れているように思われる.

しかしながら, ここでは CTM に基づく表現が最も適切であると結論付けることはせず, 助動詞と動詞との依存方向の場合と同様に, 最終的な結論は今後の課題とする．この方針は，前述の「助動詞が動詞の主要語なのか，それともその逆なのか」，という問題，より一般化して言うと，「何が主要語で，何が従属語であるか」の決定は，構文解析において何を重視し，どのような基本方針を採択するかに左右されうる，という洞察に基づくものである．

6.7. まとめ

これまでの記述と例文の依存構造から，機主内従型の依存構造は以下の特徴を持っていることが明らかになった．第一に，機主内従型の依存構造には，内主機従型の依存構造に比べて縦に長い，言い換えれば埋め込みの深い構造である，という構造上の特徴がある．第二に，機主内従型の依存構造では，助動詞が be 動詞，do，そして have の場合，主語との一致関係が依存関係に基づいて説明可能である点も特徴である．このように，UD の想定とは対照的な機主内従型依存構造，つまり「動詞が助動詞に依存する」という依存方向にも十分な動機付けがあるように思われる．ここではこれら二つの可能性の優劣については結論を急がず，双方の可能性について触れるのみとした．さらに，助動詞が否定文や疑問文で使われている場合にも注目した．とりわけ疑問文の依存構造を表現する可能性のいくつかを紹介し，CTM に基づく表現がほかの表現よりも優れているようであると指摘しつつも，これを最終的な結論とすることは避けた．繰り返しになるが，この節で注目した「助動詞と動詞との依存関係の方向」と，「英語の疑問文の依存構造」は，構文解析において何を重視し，どのような基本方針を採択するかに左右されるものであることを改めて指摘してこの節を終える．

第 7 章

前置詞句

7.1. 前置詞と名詞の依存方向

理論編でも述べたように，UD では内主機従型の依存構造を前提としている．つまり，前置詞は名詞に依存し（依存タイプは CASE），その名詞は別の要素にさらに依存する（依存タイプは NMOD）．先の図式では，次のように表現される．

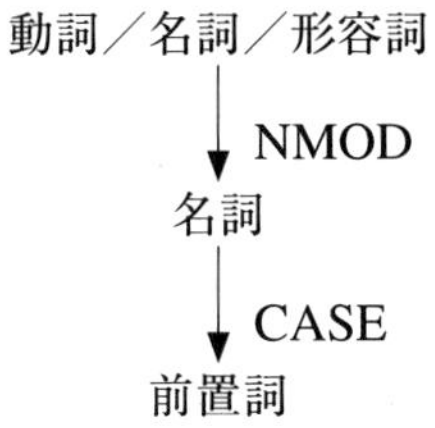

図 7.1：前置詞と名詞，そしてこの名詞の依存先の単語が構成する依存構造（内主機従型）

例えば，例文 “Sarah is teaching English in Tokyo.” の前置詞句では，前置詞 in が名詞 Tokyo に依存タイプ CASE で依存し，この名詞 Tokyo が動詞 teaching に依存タイプ NMOD で依存している．

(1)　Sarah is teaching English in Tokyo.

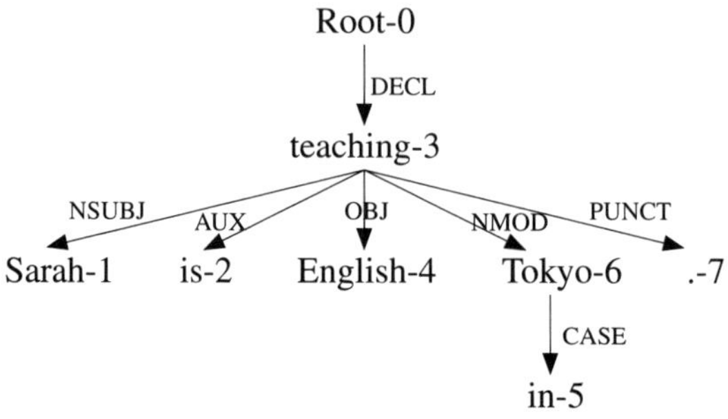

図 7.2：例文（1）の依存構造（内主機従型）

しかし，これとは反対に，機主内従型の依存構造では，前置詞は別の単語に依存していて，さらに，この前置詞には一つの名詞が依存する，と分析される．

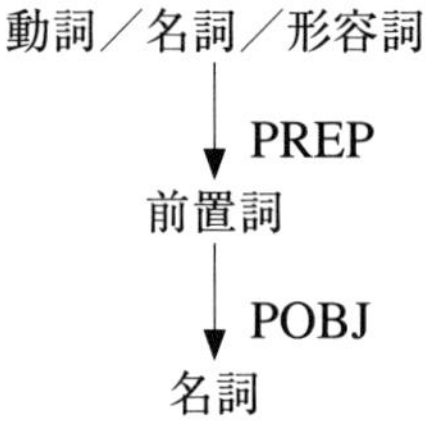

図 7.3：前置詞と名詞，そしてこの前置詞の依存先の単語が構成する依存構造（機主内従型）

この依存関係では，前置詞とその依存タイプは preposition の最初の 4 文字をとって PREP とし，前置詞と名詞との依存タイプは prepositional object の略である POBJ とする（この表記法は，UD の前身となった Stanford Dependency に基づく）．下記の依存構造は機主内従型であり，したがって助動詞と原形不定詞の関係も，「助動詞が主要語，原形不定詞が従属語」という依存方向になっていて，機能語と内容語との依存関係において一貫した依存方向をとっている．

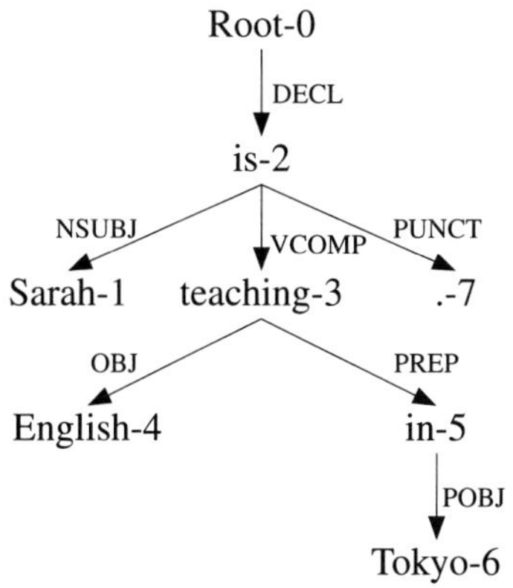

図 7.4：例文（1）の依存構造（機主内従）

7.2.　前置詞句と結合価

この節では，前置詞句が他の単語の結合価に属している場合，言い換えれば，ある単語が特定の前置詞句を必要とする場合に注目する．

7.2.1.　動詞の結合価に属する前置詞句

Huddleston and Pullum（2002: 277）によると，動詞の結合価に前置詞句が属している場合のパターンは以下のとおりである．

動詞＋前置詞句
動詞＋目的語＋前置詞句
動詞＋前置詞句＋前置詞句
動詞＋前置詞＋述語的補語（predicative complement; PCOMP）
動詞＋目的語＋前置詞＋述語的補語
動詞＋前置詞句＋前置詞＋述語的補語

以下，それぞれのパターンごとに例文とその依存構造を提示する．各パターンに属する動詞の一覧は，Huddleston and Pullum（2002）を参照．

動詞＋前置詞句

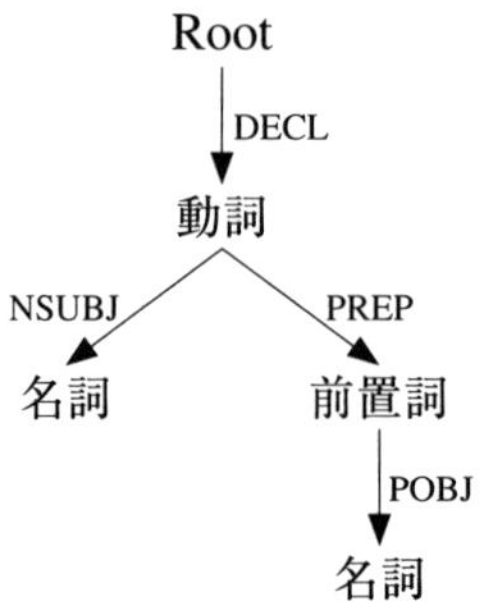

図 7.5：動詞＋前置詞句の依存構造

(2) John referred to Sarah's proposal.

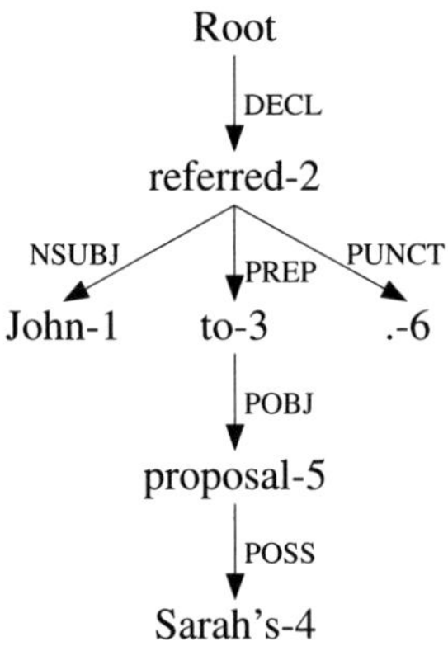

図 7.6：例文 (2) の依存構造

動詞＋目的語＋前置詞句

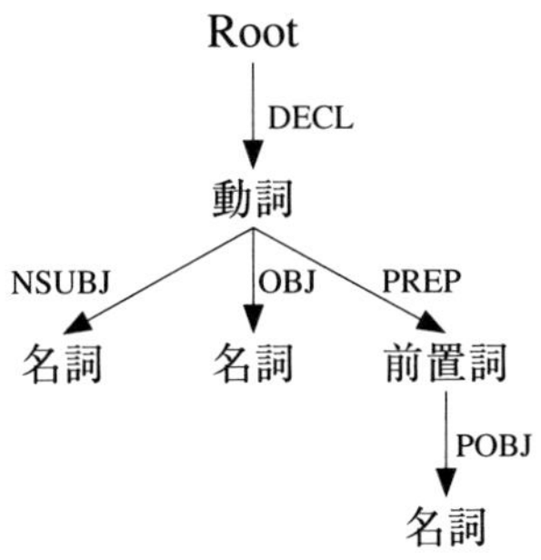

図 7.7：動詞 + 目的語 + 前置詞句の依存構造

(3)　John provided Sarah with enough information.

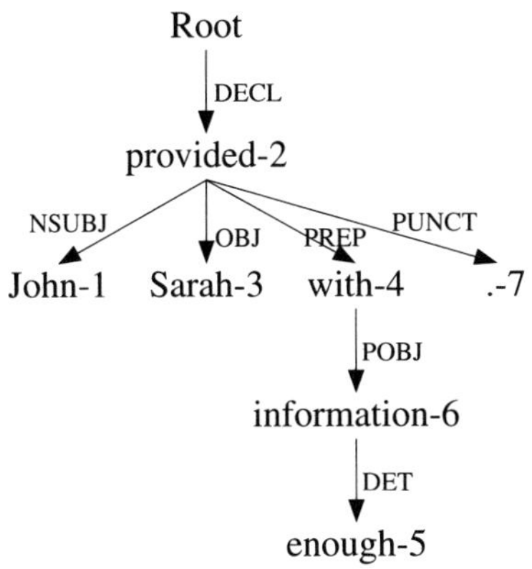

図 7.8：例文 (3) の依存構造

動詞＋前置詞句＋前置詞句

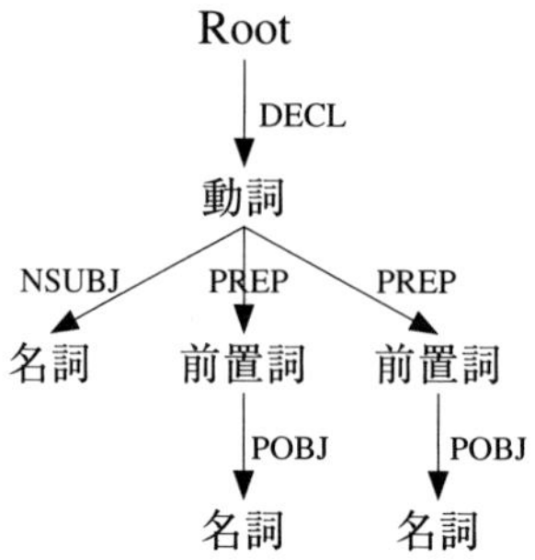

図 7.9：動詞＋前置詞句＋前置詞句の依存構造

(4)　John argued with Sarah about her proposal.

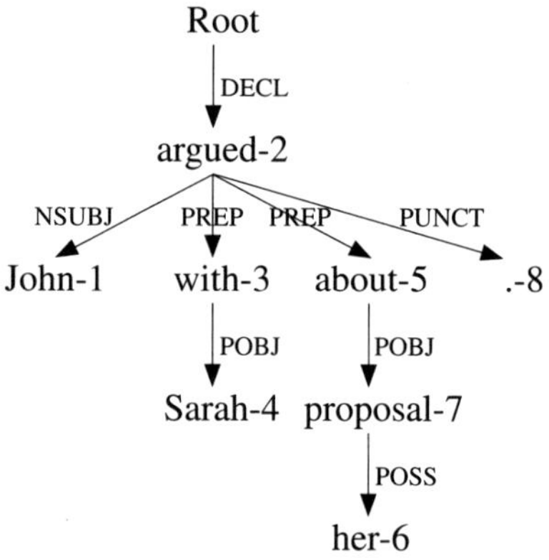

図 7.10：例文 (4) の依存構造

動詞＋前置詞＋述語的補語（predicative complement; PCOMP）

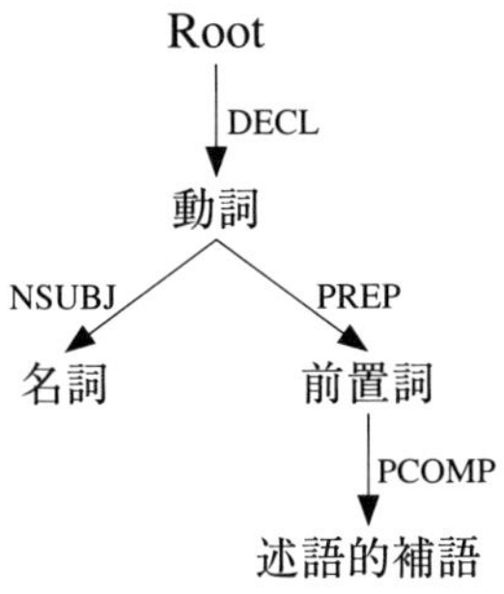

図 7.11：動詞＋前置詞＋述語的補語の依存構造

（5）　Sarah's proposal counts as too idealistic.

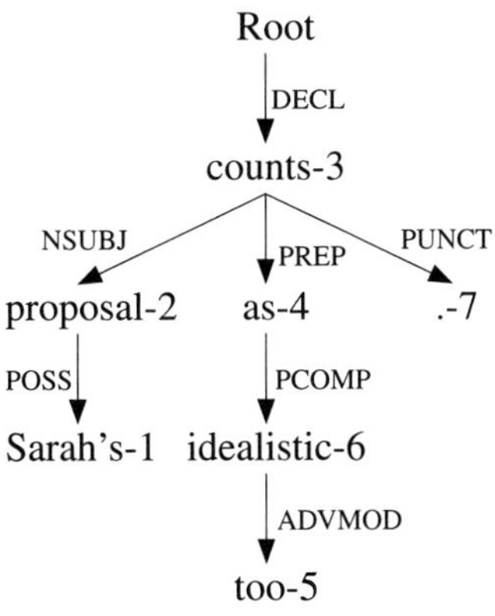

図 7.12：例文（5）の依存構造

動詞＋目的語＋前置詞＋述語的補語

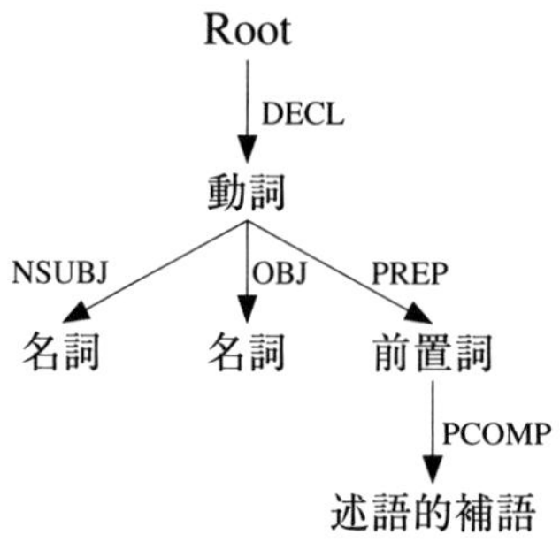

図 7.13：動詞＋目的語＋前置詞＋述語的補語の依存構造

(6) John regards his career as successful.

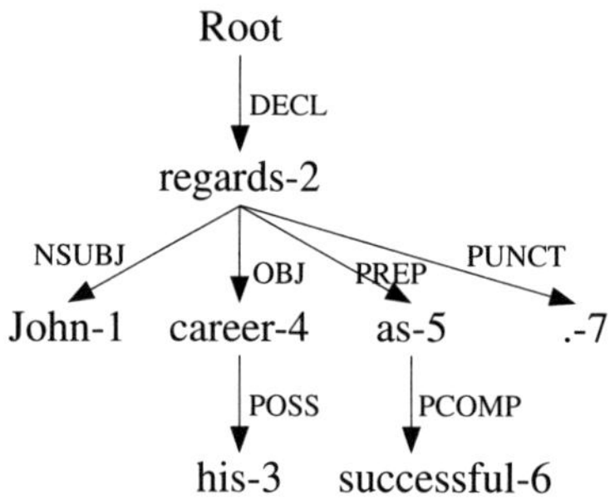

図 7.14：例文 (6) の依存構造

動詞＋前置詞句＋前置詞＋述語的補語

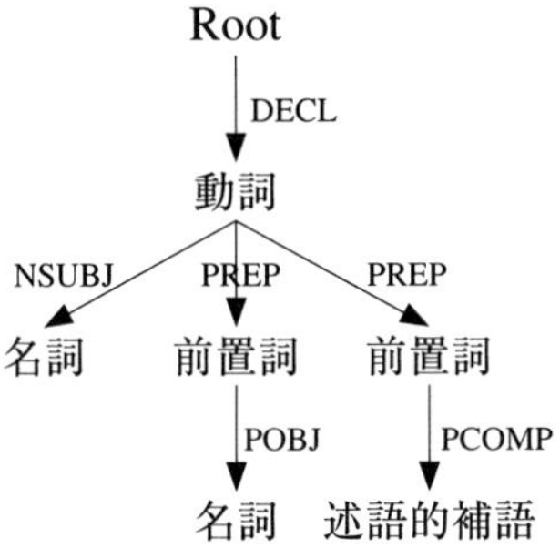

図 7.15：動詞＋前置詞句＋前置詞＋述語的補語の依存構造

(7)　John thinks of Sarah’s proposal as valuable.

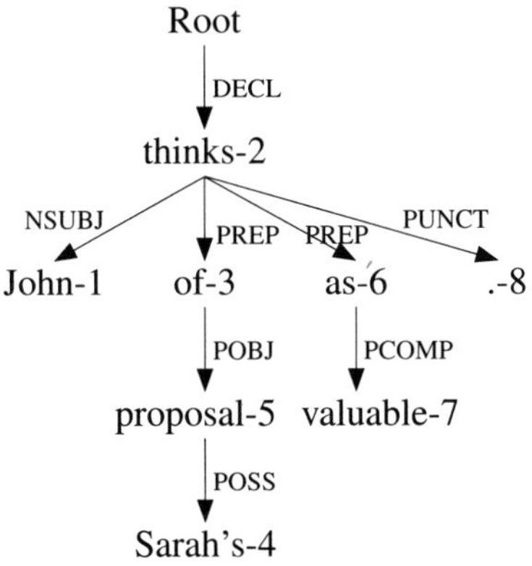

図 7.16．例文 (7) の依存構造

7.2.2.　形容詞の結合価に属する前置詞句

Huddleston and Pullum (2002: 543–545) によると，形容詞の結合価に前置詞句が属している場合のパターンとその形容詞の例の一部は以下のとおりである．各パターンに属する形容詞の一覧は，Huddleston and Pullum (2002) を参照.

形容詞 + about

例）annoyed about ..., concerned about..., mad about ..., etc.

形容詞 + at

例）aghast at ..., good at ..., hopeless at ..., etc.

形容詞 + by

例）distressed by ..., unaffected by ..., worried by ..., etc.

形容詞 + for

例）bad for ..., greedy for ..., responsible for ..., etc.

形容詞 + from

例）different from ..., distinct from ..., remote from ..., etc.

形容詞 + in

例）confident in ..., engaged in ..., fortunate in ..., etc.

形容詞 + of

例）afraid of ..., capable of ..., sure of ..., etc.

形容詞 + on/upon

例）based on ..., dependent on ..., keen on ..., etc.

形容詞 + to

例）accompanied to ..., similar to ..., subject to ..., etc.

形容詞 + toward(s)

例）friendly toward ..., respectful toward ..., sympathetic toward ..., etc.

形容詞 + with

例）careful with ..., familiar with ..., pleased with ..., etc.

以下，いくつかの例文とその依存構造を提示する．

形容詞＋about および形容詞＋at

Huddleston and Pullum（2002）によれば，形容詞に依存する about と

at は多くの場合に交代可能である.

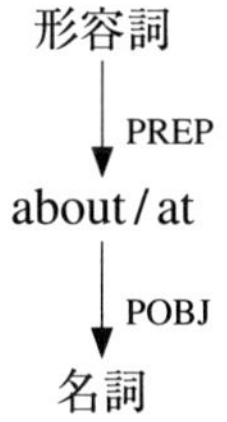

図 7.17：形容詞 + about / at の依存構造

(8) Sarah is delighted about / at the result of the exam.

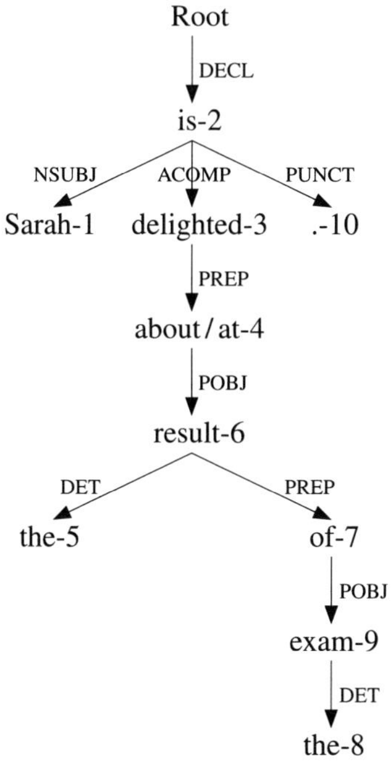

図 7.18：例文 (8) の依存構造

形容詞＋by

この場合は，動詞の過去分詞が受動態を表現している場合に限られる (Huddleston and Pullum (2002: 543)).

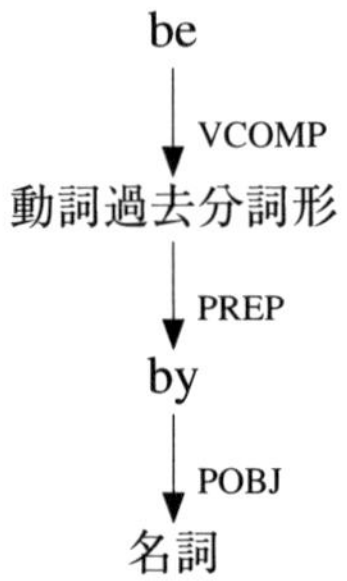

図 7.19：形容詞＋by の依存構造

(9) Sarah's opinion is largely influenced by John's.

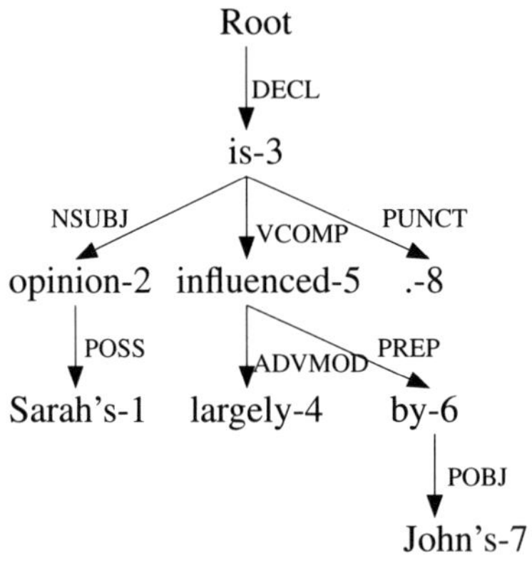

図 7.20：例文 (9) の依存構造

形容詞＋of

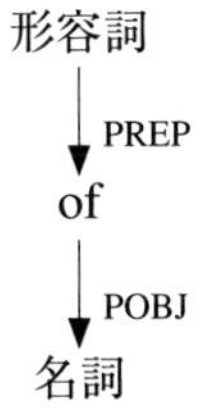

図 7.21：形容詞 + of の依存構造

(10)　John is afraid of failing the exam.

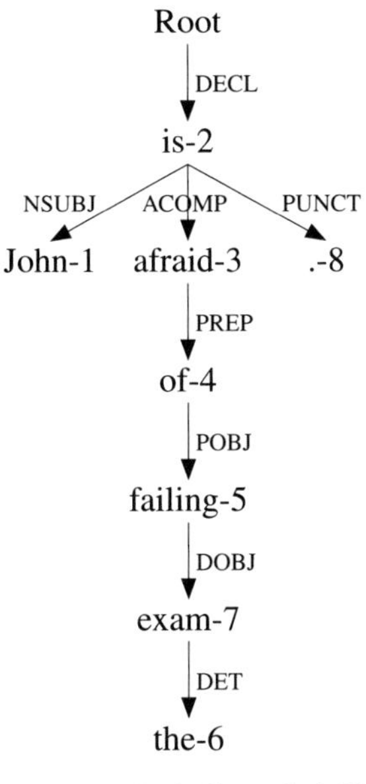

図 7.22：例文 (10) の依存構造

形容詞に前置詞 of が依存する場合，it is 形容詞 of 人の構文をとる場合がある．この形容詞は，of の目的語となっている人の性格や性質を表現し，その理由を to 不定詞で表す場合もある．この to 不定詞は形容詞に依存し，その依存タイプは XCOMP (6.4.1 節を参照) である．

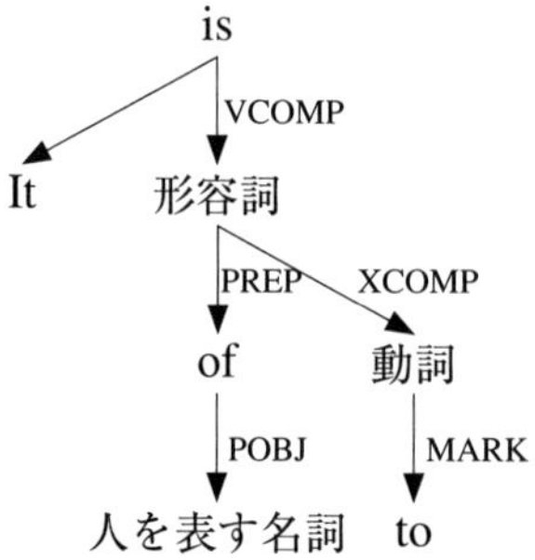

図 7.23：“it is 形容詞 of 人” 構文の依存構造

(11)　It is very kind of John to help Sarah with her assignment.

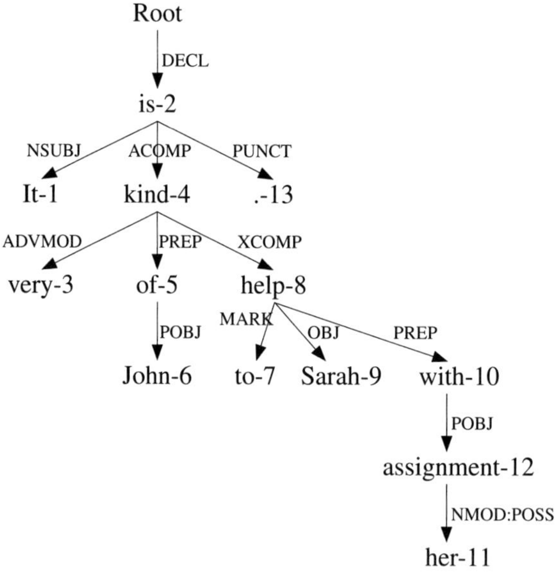

図 7.24：例文（11）の依存構造

第 8 章

限定詞

8.1. はじめに

この節では，限定詞に注目する．UD では，限定詞 (determiners) は名詞に依存するとされ，その依存タイプは UD では DET と名付けられている．先の図式では，次のように表現される．この依存方向は，内主機従型つまり機能語は内容語に依存するという UD の基本方針に沿ったものである．これは理論編で取り上げた他の依存文法理論枠組みとも共通した表現であるだけでなく，一般的な直感にも沿った分析である．

図 8.1：名詞と限定詞の依存関係（内主機従型）

8.2. 限定詞主要部仮説

一方，限定詞主要部仮説 (Determiner-head / Determiner-phrase hypothesis，以下 DP 仮説）（Abney（1987），Bernstein（2001, 2008），Bruening et al. (2018)，Bruening (2020)，Hudson (2004)，Salzmann (2020) 等）では，名詞は限定詞に依存する，とされる．DP 仮説を採用する場合には，名詞の限定詞への依存タイプに名称を付ける必要がある．このタイプには，限定詞の意味を補う名詞という意味で nominal complement（NCOMP）と名付けることも可能であろう．

図 8.2：名詞と限定詞の依存関係 (DP 仮説に基づく)

これは，本書で使用している用語で言えば，機主内従型の依存方向である．例えば，一つの例文に対して，以下の二つの依存構造が可能であろう．

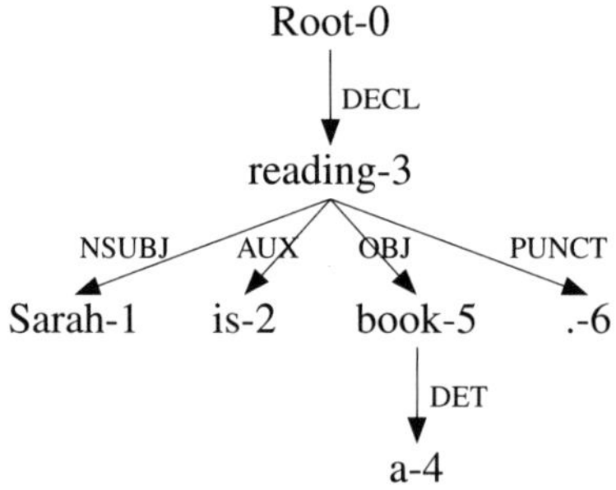

図 8.3：“Sarah is reading a book.” の依存構造（内主機従型）

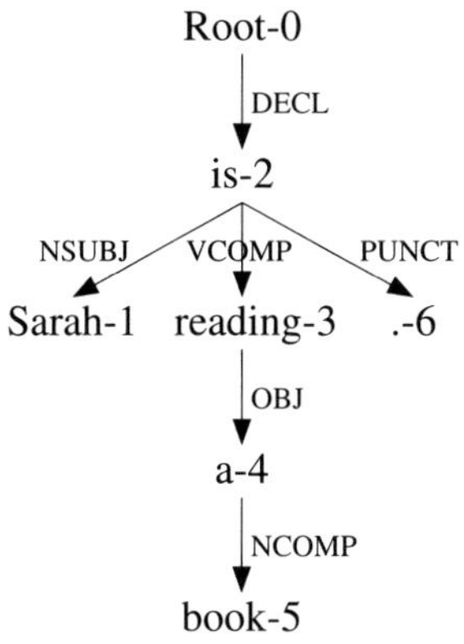

図 8.4："Sarah is reading a book." の依存構造（機主内従型；DP 仮説に準拠）

DP 仮説は，語彙的範疇は機能範疇の下位にあるとする現代の生成文法研究においては主流とされているが，Tesnière（1959）をはじめとして，本書で紹介した依存文法の枠組み（FGD，MTT，UD）では採用されていない．DP 仮説への反論に関しては，Bruening et al.（2018），Bruening（2020），Payne and Huddlestone（2002）を参照．Bruening（2020）では，節が動詞に依存する場合には，個々の動詞に依存可能な節の種類には制限がかかっているので，限定詞が動詞に依存する場合には，個々の動詞に依存可能な限定詞の種類にも制限がかかるはずだが，実際にはそうはなっていない，という論法で DP 仮説に反論している．さらに Payne and Huddlestone（2002）は，Bruening（2020）と同様の反論と合わせて，限定詞を含まない名詞句には様々なものがある（例：一つの固有名詞や，一つの代名詞，または一つの不可算名詞で名詞句が作られている場合）一方で，限定詞のみを含み名詞を含まない名詞句はごく限られている点を指摘して DP 仮説に反論している．DP 仮説の正否はいまも盛んに議論され，最終的な結論には達していないことを鑑み，本書では DP 仮説の正否については結論を出さず，他の依存文法の枠組みとの統一を図るため，DP 仮説に沿った機主内従型依存構造は取り上げず，限定詞は名詞に対して従属する品詞である，と前提する．限定詞のみを含み名詞を含まない名詞句については，省略に注目する節で取り上げる．

8.3. 限定詞の種類

限定詞は，冠詞（a，an，the）と冠詞相当語（determinative）に分類される．冠詞相当語はさらに，以下のように分類される（Payne and Huddleston（2002: 356））．

demonstrative determinatives（that, these, those, this）
personal determinatives（we, you）[1]
universal determinatives（all, both）
distributive determinative（each, every）
existential determinatives（some, any）
cardinal numerals（one, two, three, …）
disjunctive determinatives（either, neither）
negative determinatives（no）
alternative-additive determinatives（another）
positive paucal determinatives（a few, a little, several. …）
degree determinatives（many, more, most, much, few, little …）
sufficiency determinatives（enough, sufficient）
interrogative and relative determinatives（which, what, whichever, whatever）

これらすべてに関して，名詞に対して依存し，その依存タイプは DET で

---

[1] これらは，次のような場合に使われる．
(i) What are *you guys* doing next weekend?

ある．これらの間にみられる差異は，名詞の数との一致関係である．

三人称主語と現在動詞との数に関する一致と同様に，限定詞と名詞との数の一致も依存関係に沿って説明される．この関係を抽象化すると以下のとおりである．下の図式の素性 *n* は number の略であり，これは singular, plural または uncountable の三つの値である．そして，主要語の名詞と従属語の限定詞とで素性 n の値は一致していなければならないことを示す．[2]

名詞n_1

↓ DET

限定詞n_2

$n_1 = n_2$

図 8.5：素性 *n* の一致関係を明示した，名詞と限定詞との依存関係

例えば，可算名詞の複数形と限定詞 these との依存関係を図式化するならば，以下のとおりである．

名詞$_{plural}$

↓ DET

these$_{plural}$

図 8.6：可算名詞の複数形と限定詞 these との依存構造

可算名詞の単数形と限定詞 any との依存関係を図式化するならば，以下のとおりである．

[2] 単語間の素性一致による依存関係の適格性という概念は，いわゆる単一化文法（Unification Grammar）の概念を参考にしている．単一化文法についての詳細は，Francez and Wintner (2011) 等を参照．

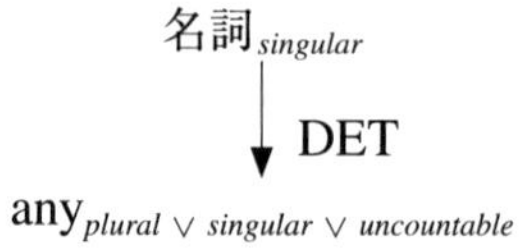

図 8.7：可算名詞の単数形と限定詞 any との依存構造

この場合，主要語の名詞と従属語の限定詞 any の素性は singular で一致可能なので，any は単数名詞に依存可能である，と説明される．any 以外の限定詞と名詞との依存関係も同様に説明される．そして，名詞と限定詞との間で数の組成に不一致がある場合は非文法的である．

英語の名詞と限定詞との依存関係で指摘しなければならない性質は，一つの名詞に対しては限定詞は一つしか依存しない，という性質である．この性質を依存文法的に表現すると，英語では，名詞に依存する限定詞の数の上限は 1 である．つまり，名詞が限定詞に関して持つ結合価は 1 である．これは，名詞に依存可能な形容詞の数は二つ以上でありうることと対照的である．さらに，英語の可算名詞の単数形では，この結合価が必ず満たされていなければならない（つまり，限定詞を必ず伴わなければならない）一方，可算名詞の複数形と不可算名詞とでは，この結合価は満たされていなくても問題ない．

(1) a. *Sarah has read book.
　　b. Sarah has read books.

8.4. 限定詞前置語

限定詞の中でも，all と both は他の限定詞の前に置かれる場合がある．

(2) a. All/Both students failed the exam of phonology.
　　b. All/Both the students failed the exam of phonology.

限定詞前置語は，限定詞に依存するという分析と，名詞に依存するという分析がありうる．前者は UD の前身である Stanford Dependency が採用していた分析方針であり，この場合の依存タイプは PREDET（predeterminer）であった．一方，UD では後者を採用している．この場合，名詞に対して限定詞が複数個依存することになる．これは，先に述べた「一つの名詞に対しては限定詞は一つしか依存しない」という性質と矛盾する．この点を鑑み，本書では Stanford Dependency の方針に従うこととする．

図 8.8：限定詞と限定詞前置語との依存関係

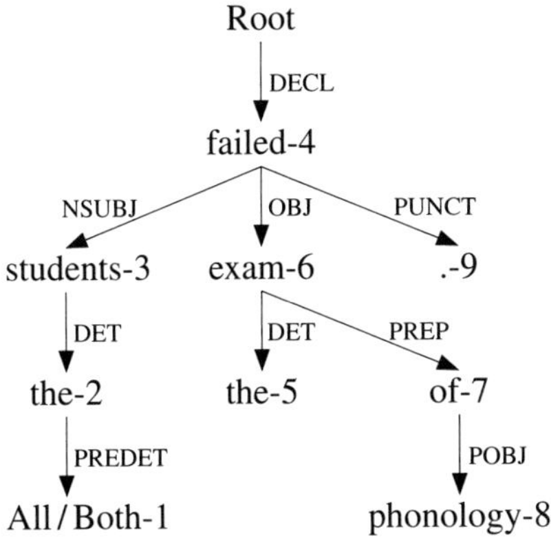

図 8.9：例文（2b）の依存構造

8.5. 数詞

この節では，限定詞としての数詞に注目する．数詞が名詞に依存する場合，UD では，依存タイプは NUMMOD とされる．この依存関係は，先の図式では，次のように表現される．限定詞同様，依存関係にある数詞と名詞との間には，数に関する一致がある．

名詞n_1

↓ NUMMOD

数詞n_2

$n_1 = n_2$

図 8.10：数詞と名詞との依存構造

例えば，数詞 one と可算名詞の単数形との依存関係は以下の図式で表現される．

名詞$_{singular}$

↓ NUMMOD

one$_{singular}$

図 8.11：数詞 one と可算名詞の単数形との依存構造

同様に，数詞 two と可算名詞の複数形との依存関係は以下の図式で表現される．two より大きい数を表現する数詞もこれと同様である．

名詞$_{plural}$

↓ NUMMOD

two$_{plural}$

図 8.12：数詞 two と可算名詞の複数形との依存構造

UD では，% や $ といった記号に対して基数詞が依存する，とされる．例えば，以下の例文では，記号 $ に数詞 100 が依存し，その依存タイプは NUMMOD とされている．これは，記号 $ が単語 dollar を表現し，この dollar が動詞 earns に直接目的語として依存していることの反映である．

(3) Sarah earns \$100 a month by working part-time.

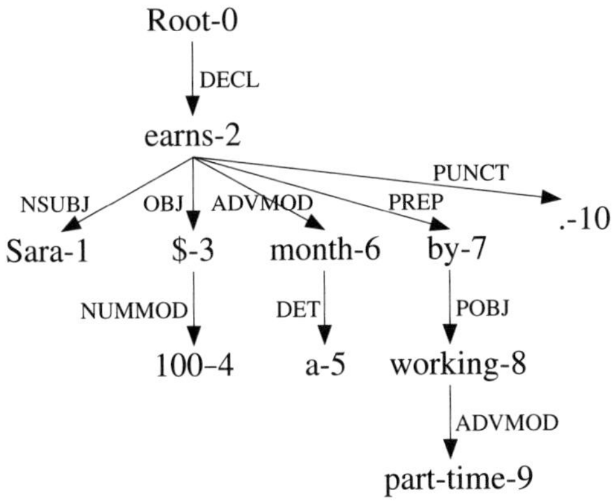

図 8.13：例文（3）の依存構造

8.6. 所有

UD では，A's B という表現では，A が B に依存する，と解析し，その依存タイプをまとめて NMOD:POSS と名付けている.[3] POSS は，possessive の略である.

図 8.14：所有者を表現する名詞と被所有物を表現する名詞との依存構造

(4)　Sarah's paper is the best of all papers.

---

[3] UD では，さらにアポストロフィ＋s（Sarah's の's）が所有者を表現する名詞に依存する，と分析しているが，アポストロフィ＋s は単語の形態素の一種と考えるのが自然であり，例えば上記例文では Sarah's で一つの単語として paper に依存する，と考える.

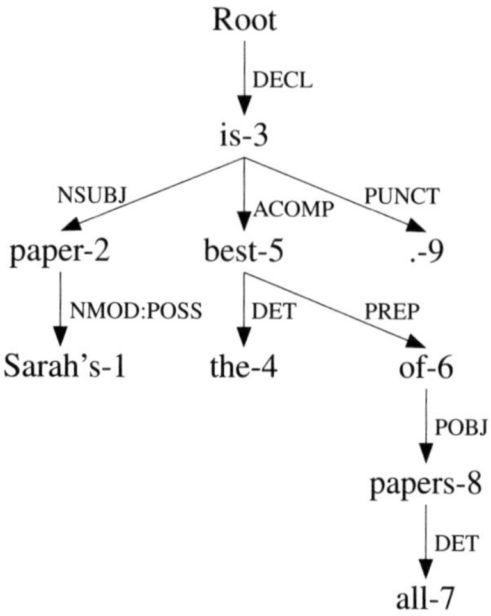

図 8.15：例文 (4) の依存構造

伝統的に，所有を表現する場合，生物には -'s，無生物は of + 名詞と使い分ける，とされてきたが，昨今はこの使い分けがあいまいになっている．その結果として，A's B という表現が，単なる A と B の所有関係だけでなく，様々な意味を表現するようになっている．

したがって，依存タイプ NMOD:POSS が与えられた A と B との依存関係は，意味的には様々なものがありうる．厳密には，これらも異なる依存タイプによって区別するのが望ましい．特に，構文解析結果をもとに意味的表現形式を抽出する場合には，A's B 表現に対し表層的にその依存タイプを NMOD:POSS とだけ決定するのではなく，その意味的差異を細かく表示することが求められるであろう．この点については，さらなる研究の余地があるといえる．

所有格と省略（独立所有格）については，省略表現，とくに主要語の名詞が省略されている場合に注目する節で取り上げる．

第９章

主　語

この章では，依存文法において主語がどのように取り扱われているかを概観する．主語とは文法機能の一つであり，様々に定義づけされている．依存文法の観点からは，主語とは，動詞とその結合価に属する名詞との関係の一つである，と定義づけられる．Huddleston（2002）は主語の統語的性質を列挙しているが，結合価の観点から関連性が高いのは，*obligatoriness* と *uniqueness* である．すなわち，文中には主語は必ず（obligatorily）一つだけ（uniquely）存在するのである．これは，「すべての動詞述語は主語を持たねばならぬ」とする主語条件（Baker（1983），Bresnan & Kanerva（1989），Dalrymple（2001）等）とも関連している．

先の図式では，次のように表現される．UD では，主語名詞と動詞との依存関係に与えられる依存タイプを NSUBJ と表記しているので，ここでもその表記に倣う．

動詞

↓ NSUBJ

主語

図 9.1：主語と動詞の依存構造

主要語は動詞，従属語は主語名詞，そして依存タイプは NSUBJ である．依存文法の各種理論でこの依存タイプの名称は異なっている．

限定詞と名詞との間に依存関係がある場合に数の一致があるのと同様に，英語では動詞と主語名詞との間にも数の一致がある．この点を考慮に入れると，先の図式は以下のように書き換えられる．

動詞n_1

↓ NSUBJ

名詞n_2

$n_1 = n_2$

図 9.2：素性 n の一致関係を明示した，主語と動詞の依存構造

例えば，例文 “Sarah drives a car now.” では，主語名詞 Sarah と動詞 drivesの依存関係のみを抽出し，上記の図式で表現すると以下のとおりである．

drives$_{singular}$

↓ NSUBJ

Sarah$_{singular}$

図 9.3：例文 “Sarah drives a car now.” での Sarah と drives との依存構造

依存タイプ NSUBJ で動詞と依存する名詞としては，(i) 動詞が表す動作の主体，(ii) 動詞が表す感情を経験している主体，あるいは (iii) 動詞が表す状態にある人・もの，が典型的であり，様々な言語の個別文法においてはこれ以外の意味を表す名詞も主語として取り扱われる．さらに，UD 的な内主機従型依存構造では，上述のように，節の Root 位置に名詞

や形容詞があり，これに名詞が依存する場合も，依存タイプとして NSUBJ が与えられている．

動詞が表す動作の主体

(1)　Sarah plays the piano very well.

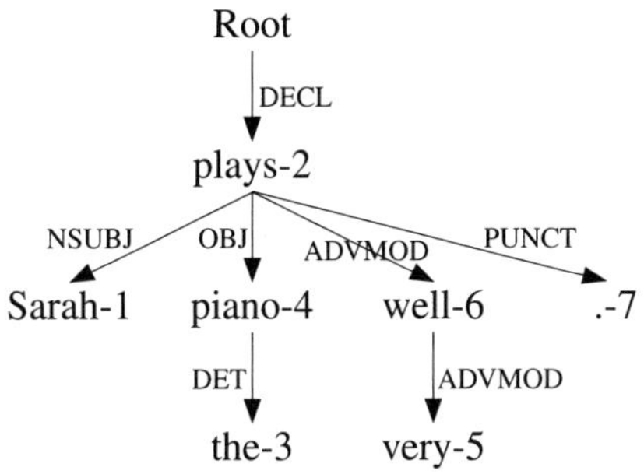

図 9.4：例文 (1) の依存構造

動詞が表す感情を経験している主体

(2)　Sarah always feels anxious about the result of an exam.

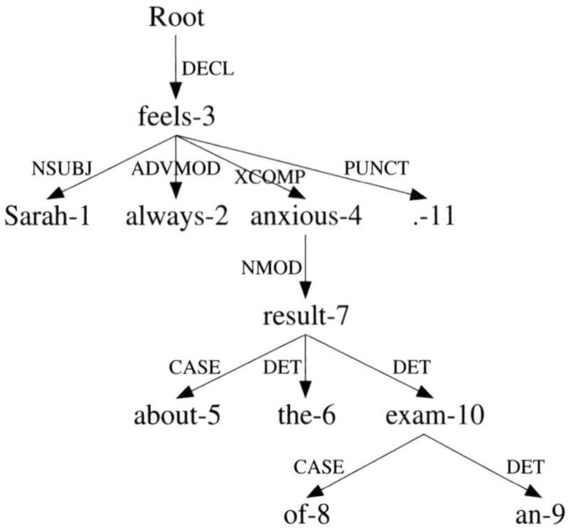

図 9.5：例文（2）の依存構造（内主機従型）

動詞が表す状態にある人・もの

(3)　Sarah stays home these days.

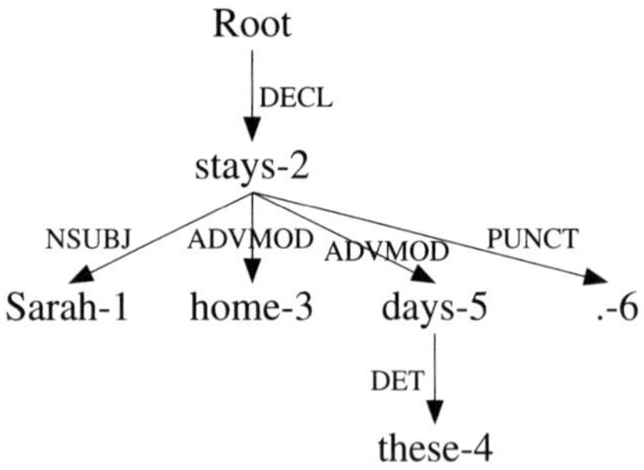

図 9.6：例文（3）の依存構造

形容詞を補語にとる be 動詞の主語（11.2 節「叙述形容詞」参照）

(4)　Sarah is intelligent.

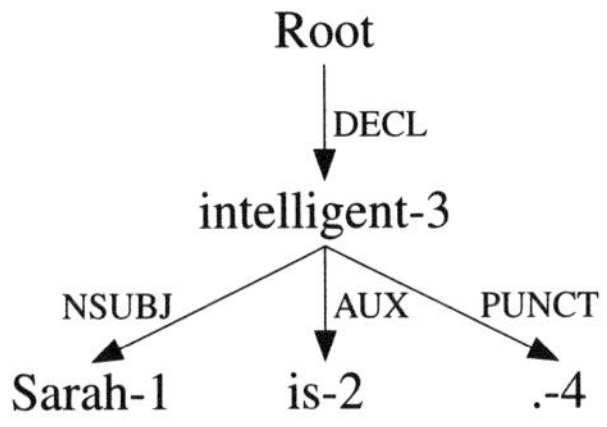

図 9.10：例文（4）の依存構造（内主機従型）

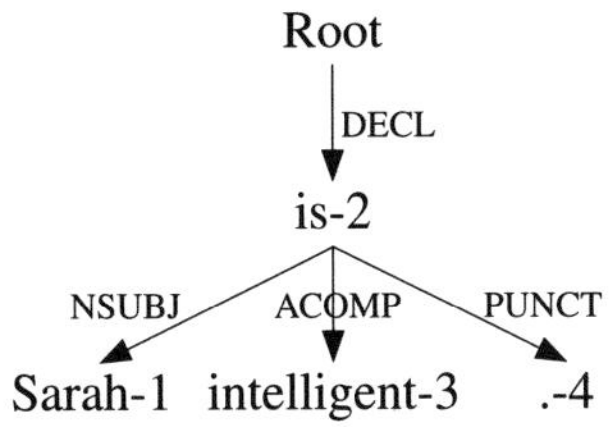

図 9.11：例文（4）の依存構造（機主内従型）

名詞を補語にとる be 動詞の主語

（5）　Sarah is a student.

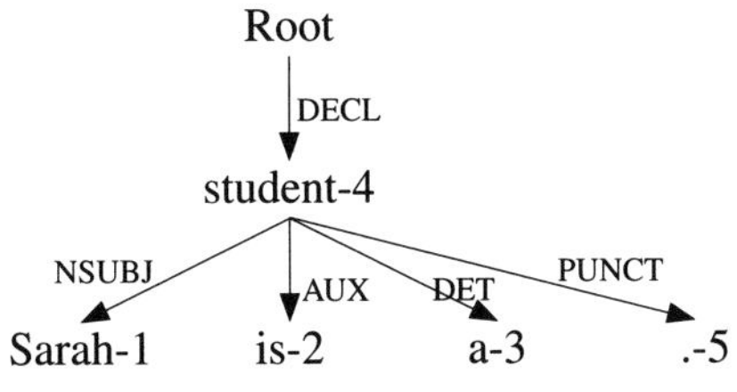

図 9.12：例文（5）の依存構造（内主機従型）

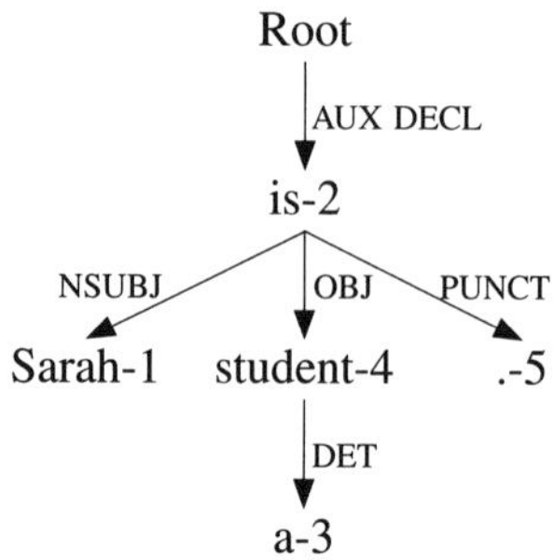

図 9.13：例文 (5) の依存構造 (機主内従型)

UD では，受動態の主語となっている名詞相当語句と，その主要語である述語（英語の場合は，動詞の過去分詞形）との間の依存関係は，NSUBJ:PASS と表記することが推奨されている．これは，他動詞の能動態と受動態とでは，結合価に変化が生じており，その変化を主語名詞の依存タイプの表記の違いによって明示することが目されている．

この方針をさらに敷衍すると，主語名詞が動詞との関係で持っている意味を，異なる依存タイプで表示するという方針も可能であろう．この方針によれば，いわゆる非能格自動詞 (unergative intransitive verbs) と非対格自動詞 (unaccusative intransitive verbs) との区別 (Burzio (1986)，Perlmutter (1978)，鈴木・安井 (1994)，高見・久野 (2002) 等) を動詞と主語との依存関係タイプで区別することができる．非能格自動詞では，主語は動詞で表現された動作の動作主である一方，非対格自動詞では主語は動詞で表現された動作の動作主ではない．非対格自動詞は，非意思的な動作 (happen，occur など) や，開始・終了を表す動詞である．

(6) a. Sarah danced.
  b. The door opened.

例文 (6a) と (6b) の依存構造は以下のとおりである．動詞と主語名詞との依存関係は，(6a) では NSUBJ_uner(gative)，(6b) では NSUBJ_ unac(cusative) である．

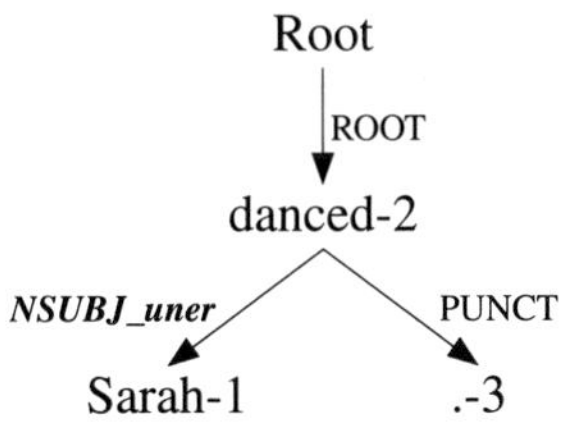

図 9.14：例文（6a）の依存構造

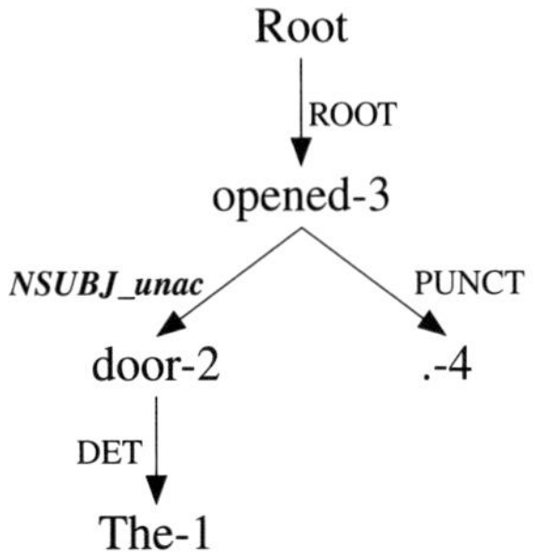

図 9.15：例文（6b）の依存構造

第 10 章

目的語

この章では，依存文法において目的語がどのように取り扱われているかを概観する．目的語は，主語と並んで代表的な文法機能の一つであり，様々に定義づけされている．依存文法の観点からは，目的語とは，主語と同様に，動詞とその結合価に属する名詞との関係の一つである，と定義づけられる．

先の図式では，動詞とその直接目的語との依存関係は，次のように表現される．

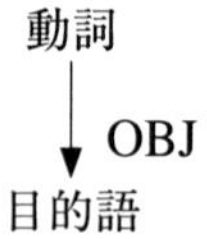

図 10.1：動詞と名詞との依存構造

主要語は動詞，従属語は目的語名詞である．UD では，直接目的語の依存タイプを OBJ，間接目的語と動詞との依存関係は IOBJ（indirect object の略）と表記している．直接目的語と間接目的語を含む例文と，その依存構造は以下の通り．

(1)　Sarah has given John several books.

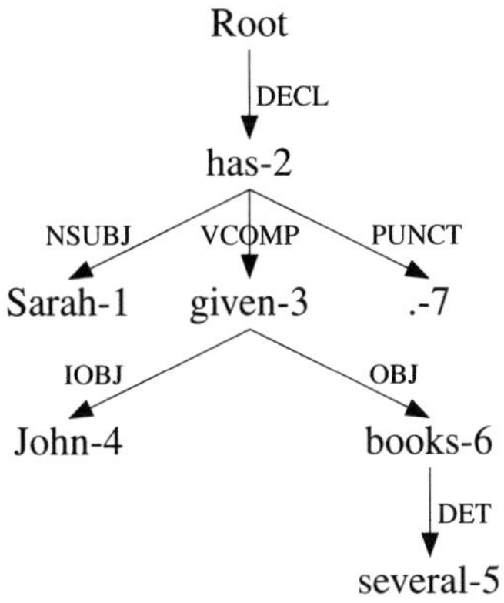

図 10.2：例文（1）の依存構造

この依存タイプは，一つの動詞には一つの目的語のみ依存する，という性質を持っている (Criterion C3)（2.3.5.3 節を参照）．したがって以下の文は，一つの動詞に二つの目的語が依存していると分析した場合には非文法的である．

(2) *Sarah is studying linguistics philosophy.

他動詞の目的語が，文中のほかの節の主語としても機能している場合

英語では，他動詞の目的語が，文中のほかの節の主語としても機能している場合がある．例えば，以下の例文（いわゆる使役構文）では，他動詞の目的語 him はそれに後続する原形動詞の主語としても機能している．

(3)　Sarah made him study harder.

以下の例文では，他動詞の目的語 him はそれに後続する to 不定形動詞の主語としても機能している．

(4) Sarah forced him to study harder.

さらに，以下の例文では，いわゆる知覚動詞 saw が目的語 him をとり，この目的語はそれに後続する現在分詞の主語としても機能している．

(5) Sarah saw him crossing the street.

最後に，以下の例文では，いわゆる被害の受動態を表現する had の目的語 her bicycle はそれに後続する過去分詞の主語としても機能している．

(6) Sarah had her bicycle stolen.

これらの構文に対しては，これまでに異なる観点から分析され（例えば，例外的格付与（exceptional case-marking）など），その統語的なふるまいに応じて（特に，主節の動詞が直接目的語に対して意味的な制約を与えるか否かに応じて）下位分類される場合もある．

しかしながら，依存文法的な観点からは，これらはすべて直接目的語が主節動詞に依存し，と同時に従属節も主節に依存する，という構造が想定される．この場合，従属節動詞と主節動詞との依存関係は，UD の表記を参考として，XCOMP とする．というのも，この場合の従属節は，その主語が節の外部に存在しているからである．

例えば，例文 (3) の依存構造は以下のとおりである．

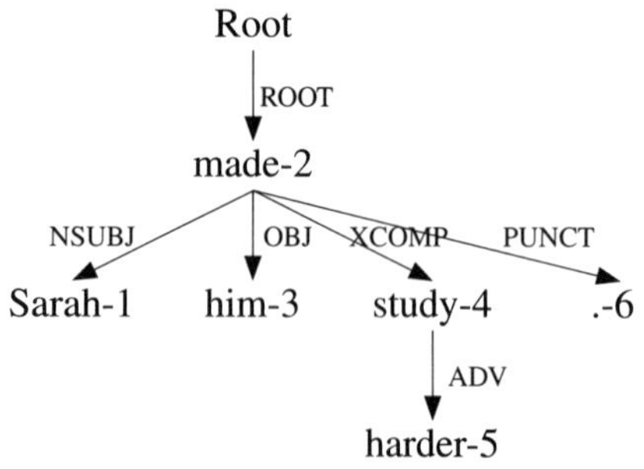

図 10.3：例文 (3) の依存構造

例文 (4) の依存構造は以下のとおりである.

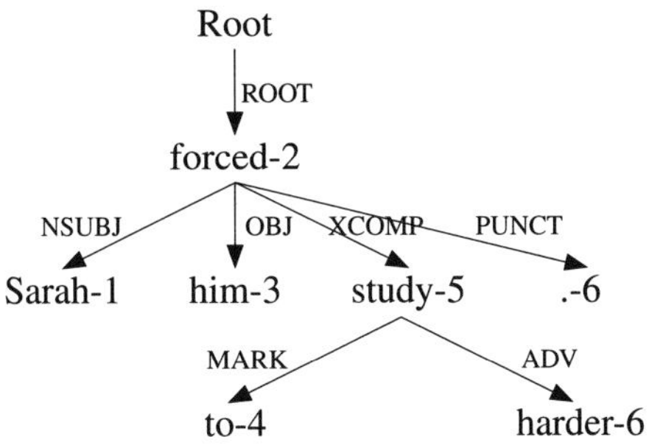

図 10.4：例文 (4) の依存構造

例文 (5) の依存構造は以下のとおりである.

図 10.5：例文 (5) の依存構造

例文 (6) の依存構造は以下のとおりである.

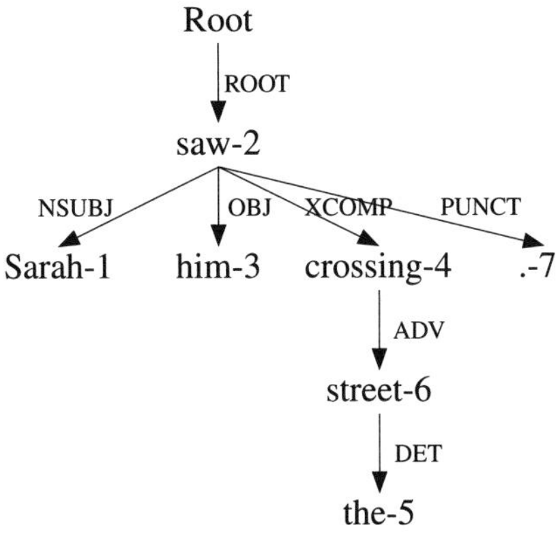

図 10.6：例文 (6) の依存構造

これらの依存構造から明らかなように，これらを統語的に区別するのは主節動詞に依存している従属節動詞がどのような形態であるかという点であり，動詞が主語と直接目的語，そして従属節動詞を結合値として持ち，この直接目的語が従属節動詞の主語として機能している点では共通している．

第 11 章

形容詞

形容詞の用法には二つある．一つは，属性形容詞（attributive adjectives）である．もう一つは，叙述形容詞（predicative adjectives）である．さらに，形容詞がいわゆる secondary predicates として機能している場合もある．この節では，属性形容詞の依存関係と，secondary predicates として機能している形容詞の依存関係に注目する．

11.1. 属性形容詞

属性形容詞は名詞を修飾する．先の図式では，次のように表現される．

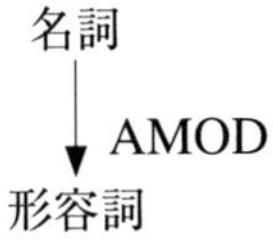

図 11.1：名詞と形容詞の依存構造

(1) Sarah is an intelligent student.

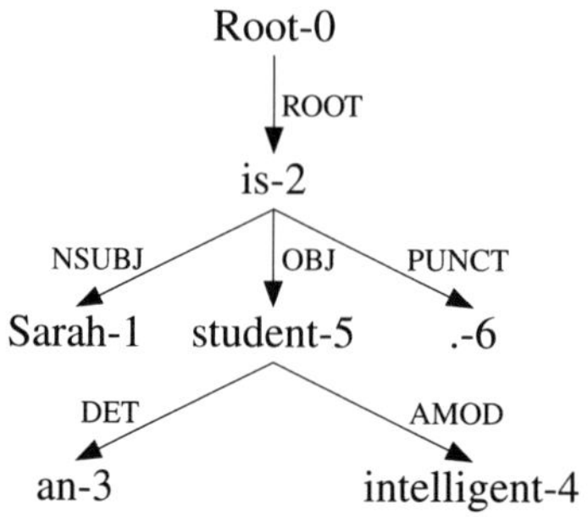

図 11.2：例文 (1) の依存構造

11.2. 叙述形容詞

叙述形容詞は，be 動詞に依存してその補語として機能し，be 動詞の主語を修飾する．be 動詞と叙述形容詞の依存関係は，先の図式では以下のように表現される．

図 11.3：be 動詞と叙述形容詞の依存関係

be 動詞が形容詞を補語に取る場合の例文とその依存構造は以下のとおりである．

(2) Sarah is intelligent.

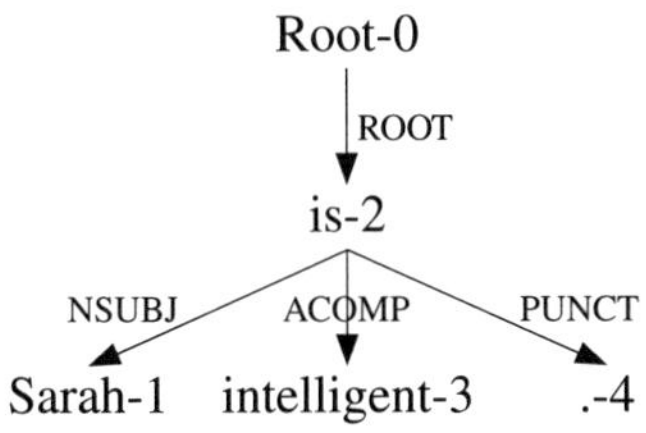

図 11.4：例文 (2) の依存構造 (再掲)

ここで注目すべきは，be 動詞と形容詞との依存関係の依存タイプである．形容詞が名詞に依存し，属性形容詞として使用されている場合には，前述のとおりその依存タイプは AMOD であるが，この場合のように be 動詞と叙述形容詞との依存関係の依存タイプは Adjectival complement (ACOMP)[1] と称する．

11.3. 形容詞が Secondary predicate の場合

この節では，従属語が形容詞で依存タイプが AMOD ではなく ACL である場合について注目する．従属語が形容詞で依存タイプが AMOD ではなく ACL である場合とは，形容詞がいわゆる secondary predicates[2] として文中で機能している場合である，と UD のウェブページは説明し，次のような例文とその依存構造を提示している．[3]

(3) She entered the room sad.

---

[1] これは，UD の前身である Stanford Dependencies の表記法に倣っている．詳細は，de Marneffe and Manning (2016) を参照．

[2] Huddleston and Pullum (2002) では，この場合の形容詞を predicative adjuncts と名付けている．

[3] https://universaldependencies.org/u/dep/all.html#al-u-dep/acl (2022 年 5 月 27 日閲覧)

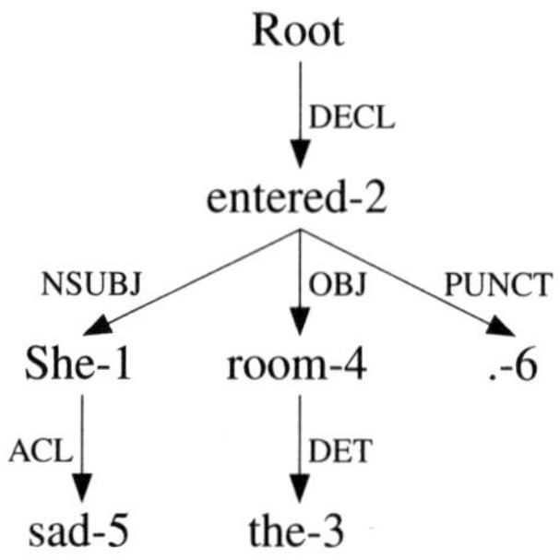

図 11.5：例文 (3) の依存構造（UD のウェブページでの説明に基づく）

この例文の場合，代名詞 She と形容詞 sad との間には動詞を介した主語と補語との関係がある．つまりこの文は “She looked sad when she entered the room.” と言い換えることが可能である．このような関係が，件の例文の主語代名詞と secondary predicate との間にはあり，その関係の依存タイプが ACL である，とされている．さらに，以下の例文では形容詞 equal は predicative adjunctive である．

(4) “… that all men are created equal, …”

(*The U.S. Declaration of Independence*)

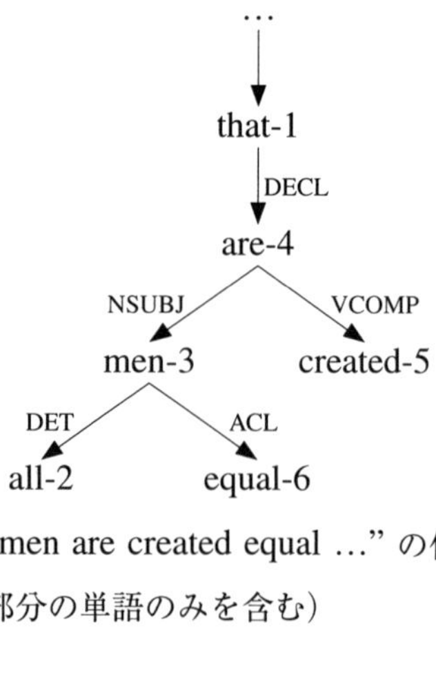

図 11.6：“… that all men are created equal …” の依存構造（語順を示す番号は引用部分の単語のみを含む）

11.4. 比較表現

この節では，比較表現に注目する．形容詞の比較級構文では，比較されている対象を表現する要素が，(i) 名詞の場合には前置詞句として，(ii) 動詞の場合には副詞節として，形容詞比較級に依存している，とされている．

(5) Tom is taller than Mary.

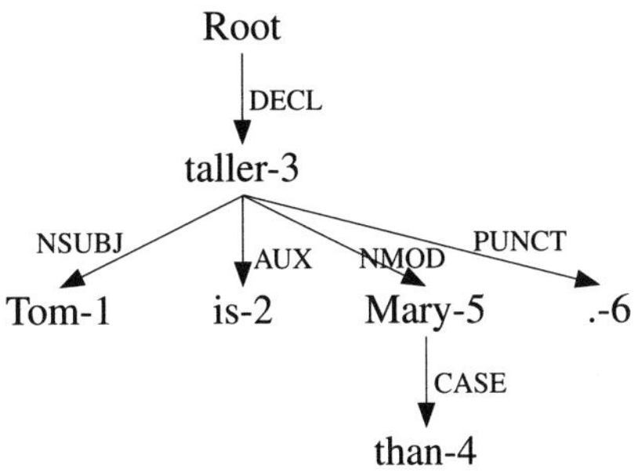

図 11.7：例文 (5) の依存構造（内主機従型）

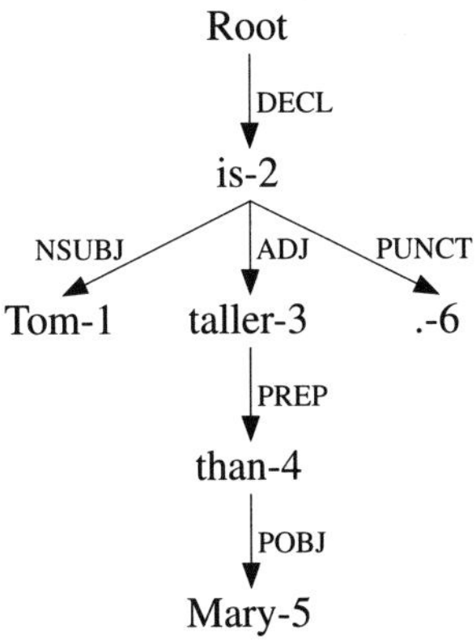

図 11.8：例文 (5) の依存構造（機主内従型）

Tom is taller than Mary is. では，内主機従型依存構造でも，be 動詞を主要語として表現する必要があり，主節の be 動詞と矛盾が生じる．機主内従型依存構造では，そのような矛盾は生じない．いずれにせよ，than が従属節を導く場合，形容詞とこの than との依存関係タイプは CCOMP である．CCOMP については，従属節に注目する第 14 章を参照．

(6) Tom is taller than Mary is.

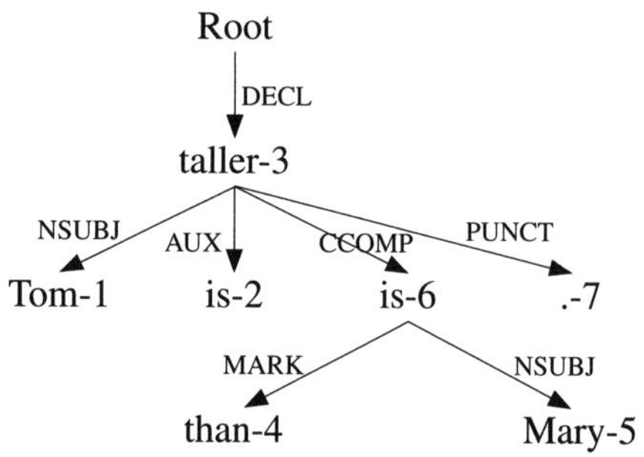

図 11.9：例文 (6) の依存構造 (内主機従型)

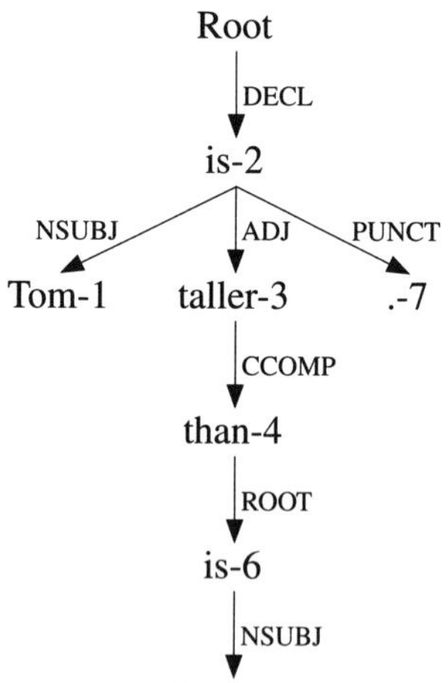

図 11.10：例文 (6) の依存構造 (機主内従型)

比較級で “more” が使われる形容詞では，この “more” は形容詞比較級に副詞として依存している．

(7)　Sarah is more diligent than John.

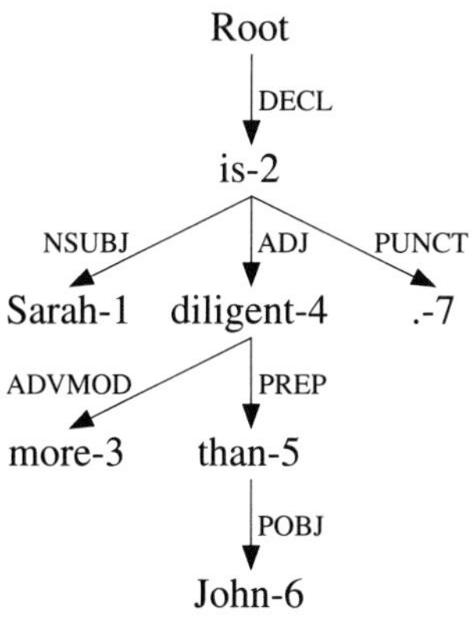

図 11.11：例文 (7) の依存構造

また，“more than 20 books” など，“more than” が数詞を修飾している場合には，UD では more は数詞に，than は more にそれぞれ依存し，than と more との依存タイプは FIXED（定型表現）である，とされる．

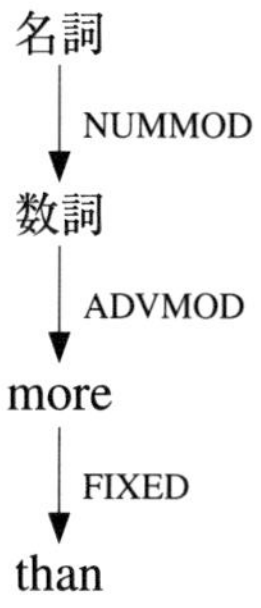

図 11.12：UD での “more than” と数詞との依存構造

(8)　Sarah has read more than 20 books.

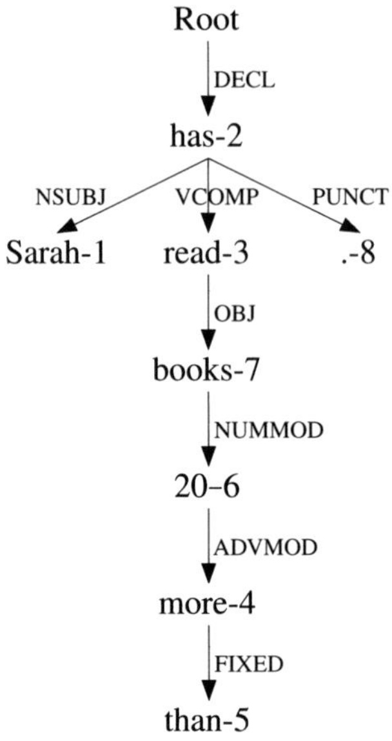

図 11.13：例文 (8) の依存構造（機主内従型）

同等比較

同等比較表現として典型的な表現に，"as … as …" 構文がある．この表現の場合，最初の as は形容詞（または副詞）に副詞として依存し，次の as は前置詞として形容詞に依存し，比較の対象を目的語に取る，という構造が自然である．この依存関係を図式化したものは以下のとおりである．

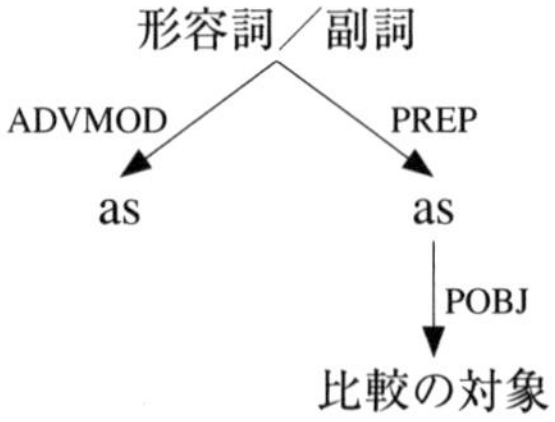

図 11.14："as … as …" 構文の依存構造

(9)　Sarah is as diligent as Mary.

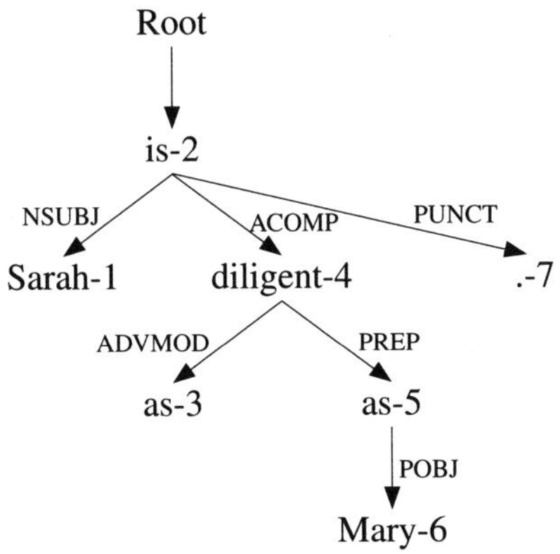

図 11.15：例文 (9) の依存構造

(10)　Sarah works as diligently as Mary.

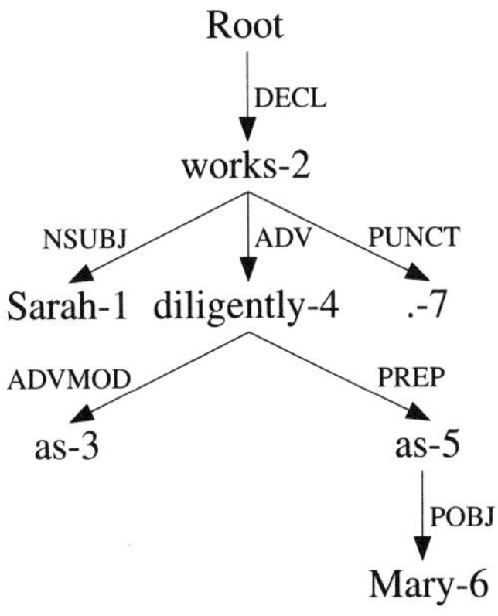

図 11.16：例文 (10) の依存構造

第 12 章

副　詞

この節では，副詞とその修飾対象の単語との依存関係に注目する．副詞は，動詞，形容詞（句），別の副詞（句），名詞（only や even など），または文全体を修飾する．この節では，副詞の用法を副詞の主要語の品詞毎に分類し，それぞれの品詞に対して副詞がどのような意味を与え，どのような語順で使用されるのかを説明し，例文の依存構造を提示する．

12.1. 動詞を修飾する副詞

動詞を修飾する副詞は，その動詞に依存している．UD では，この依存タイプは ADVMOD（adverbial modification の略）と名付けられている．先の図式では，次のように表現される．

図 12.1：動詞と副詞の依存構造

(1)　Sarah is studying linguistics diligently.

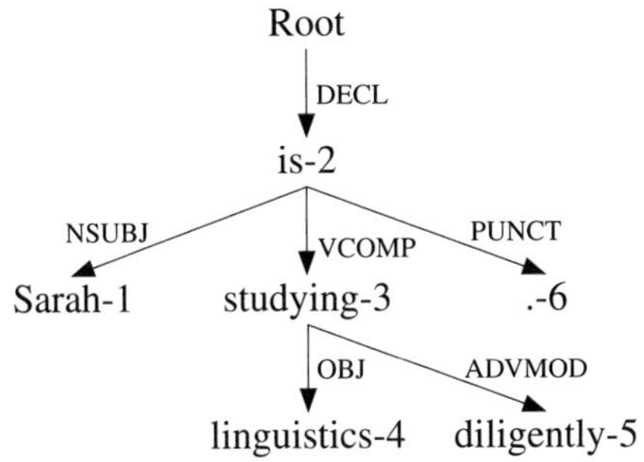

図 12.2：例文 (1) の依存構造

12.2.　形容詞を修飾する副詞

形容詞を修飾する副詞も，動詞を修飾する副詞同様に，その形容詞に依存している．UD では，この依存タイプも ADVMOD と名付けられている．先の図式では，次のように表現される．

図 12.3：形容詞と副詞の依存構造

(2)　Ruth is an exceptionally intelligent student.

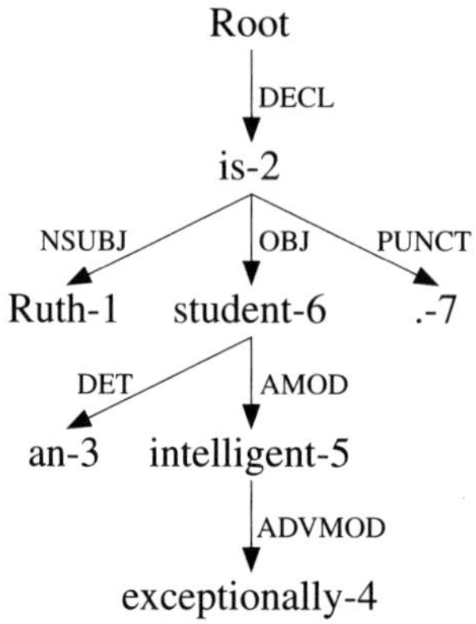

図 12.4：例文 (2) の依存構造

12.3. 副詞を修飾する副詞

別の副詞を修飾する副詞も，形容詞や動詞を修飾する場合と同様に，その副詞に依存し，その依存タイプは ADVMOD と名付けられている．先の図式では，次のように表現される．

図 12.5：副詞と副詞の依存構造

(3) Ruth can speak Russian very fluently.

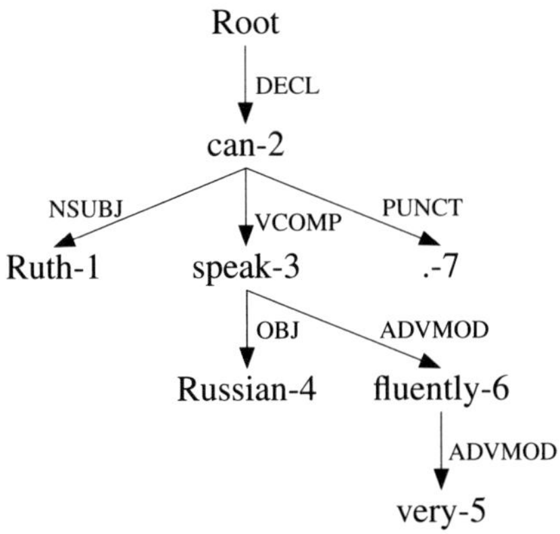

図 12.6：例文 (3) の依存構造

12.4.　文修飾の副詞

文修飾副詞は，一見したところ，動詞に依存すると考えるのが自然であるように思われる.[1]

図 12.7：文修飾副詞と動詞の依存構造

(4)　Surprisingly, John has passed the exam.

[1] 文修飾の副詞は，文頭に置くことが多い．文中や文尾に置く場合もあるが，コンマで区切るのが標準的である．UD では，コンマはその直前の単語に依存する，とされている．

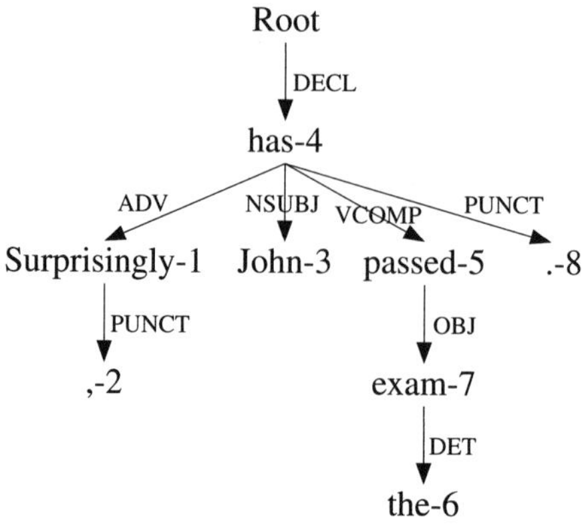

図 12.8：例文 (4) の依存構造

しかし，以下のように文副詞を形容詞へと変えて it is … that の構文に変換可能な場合[2] もある．この場合，that 節は形容詞に依存している，と分析するのが自然である．

(5)　It is surprising that John has passed the exam.

このような場合に関しては，副詞が文全体の主要語で，これに文の残りの要素が依存する，という構造も可能かもしれない．

[2] 文副詞には，このような変換が不可能なものもある．

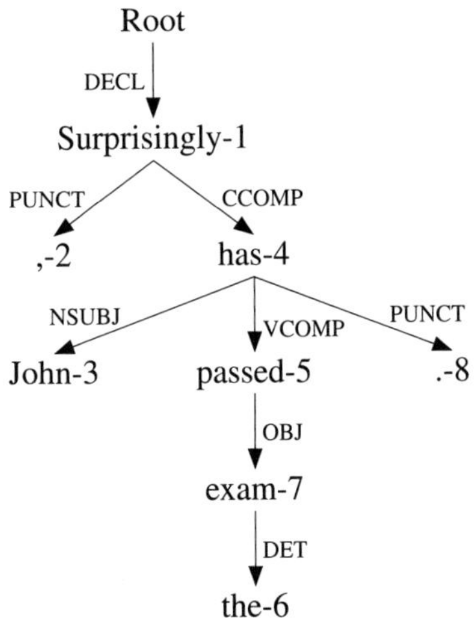

図12.9：例文 (4) の依存構造（文副詞を文全体の主要語とした分析）

ここでは，文副詞に節が依存する可能性に触れるにとどめ，この構造の正否については今後の研究課題とする．

第 13 章

句動詞

動詞に前置詞や副詞が添えられ，特別な意味が表現される句動詞では，動詞に前置詞や副詞が依存し，その依存関係は UD では COMPOUND: PRT と名付けられている．PRT は，particle の略である．先の図式では，次のように表現される．

図 13.1：句動詞における依存構造

(1) John could not make out what Sarah was talking about.

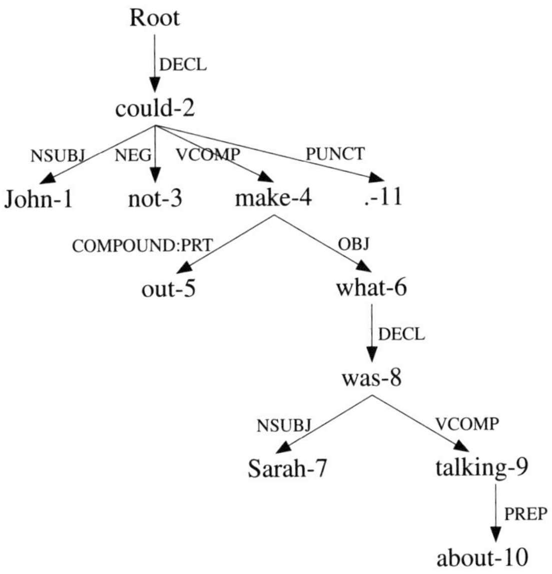

図 13.2：例文 (1) の依存構造[1]

句動詞について考えるにあたり重要な点は，構成性原理（3.1 節を参照）との齟齬である．句動詞は一種の定型表現であり，単純に動詞と前置詞との意味が組み合わされた意味ではない様々な意味を持つ可能性がある．例えば，句動詞 get into は，*Oxford Advanced Learner's Dictionary 10th ed.* によれば，次の 6 つの意味がある．

1. to put on a piece of closing, especially with difficulty
2. to start a career in a particular profession
3. to become involved in something; to start something
4. to develop a particular habit
5. to become interested in something

[1] この依存構造では，前置詞 about の目的語を省略し，関係代名詞節の表記を簡潔にしている．この例文は関係代名詞節について説明する 14.2.4 節で再び取り上げる．

6. to become familiar with something; to learn something

依存文法の観点からすると，句動詞の構造それ自体は，上記の図式で表現されているように，大きな問題とはならない．しかし，単語の意味が依存関係にそって組み合わされてより複雑な意味を表現する，という構成性の原理からすると，同じ句動詞が上記のように複数の異なる意味を持つにいたるという現象は問題である．というのも，特定の動詞と特定の前置詞あるいは副詞が組み合わされ，必ずしもその動詞の意味とその前置詞または副詞の意味が組み合わされた意味だけではない，様々な意味で使われるようになっているのはなぜか，という疑問が生じるからである．この論点は依存文法にそった文構造の提示という目的を超えたものであり，ここでは句動詞が構成性原理の概念に対して問題をはらんでいるという点を指摘するにとどめる．

第 14 章

従属節

この節では，英語の動詞（または助動詞）が従属節として別の単語に依存する場合の依存関係に注目する．従属節は，依存関係の主要語の品詞に対して，動詞がどのような品詞として従属しているかに基づいて，名詞節(動詞に依存し，いわゆる「項」として機能している節や，名詞に依存する同格節)，不定詞節（別の動詞に依存する動詞の不定形が，いわゆる「項」として機能している節)，形容詞節（名詞に依存している節)，副詞節（別の動詞に依存している節）に分類される．これらは，Tesnière (1959) の依存文法の枠組みでは動詞の転用として取り扱われていたが，UD ではこれらの区別を依存タイプの違いによって表現している．以下，節の各種類について，件の図式に沿って説明する．

14.1. 名詞節

動詞が (i) 別の動詞に依存して従属節として機能する場合と，(ii) 名詞に依存して同格節となる場合とがある．

14.1.1.　動詞が別の動詞に依存して従属節として機能する場合

この場合，UD では動詞間の依存関係のタイプを clausal complement の略である CCOMP と名付けている．この依存関係の図式は以下の通りである．

図 14.1：動詞とそれに従属する動詞との依存構造

そして，if や that, whether といった補文標識は，従属節の動詞に依存していると UD では分析され，その依存タイプは MARK と名付けられている．この依存関係を，先の CCOMP と合わせて示したものが以下の図式である．この依存関係も，UD での助動詞や前置詞の扱いと同様に，内主機従型である．

図 14.2：動詞，従属節動詞，補文標識との依存構造

例文とその依存構造は以下の通り．

(1) a.　She thinks that the world is flat.

(Bruening et al. (2018:(4a)))

b.　She wonders whether the world is flat.

(Bruening et al. (2018:(4b)))

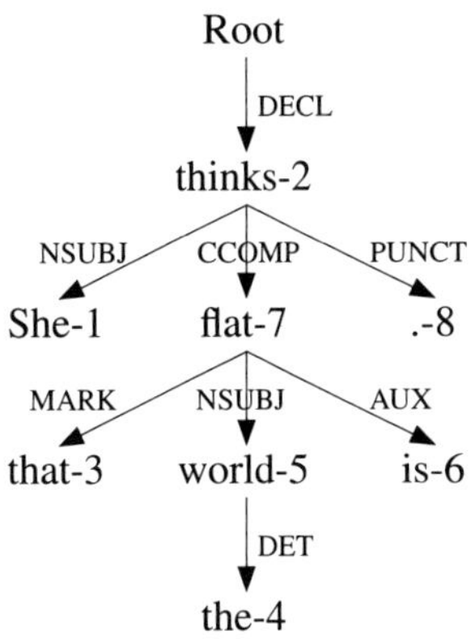

図 14.3：例文（1a）の依存構造（内主機従型）

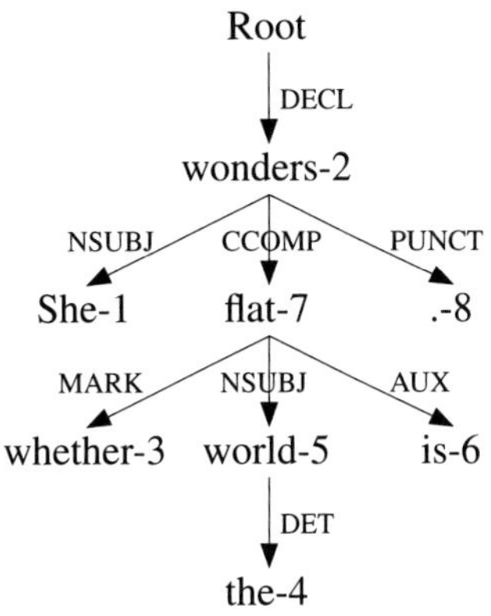

図 14.4：例文（1b）の依存構造（内主機従型）

一方，機主内従型依存構造では，主節の動詞に補文標識が依存し，この補文標識に従属節の動詞が依存する．この場合，主節動詞と補文標識との依存タイプは CCOMP とする一方，補文標識と従属節動詞との依存関係を，補文標識の種類によって区別することが可能になる．例えば，補文標識が that であれば，これに対して従属節動詞は依存タイプ DECL で依存し，補文標識が if や whether であれば，これに対し従属節動詞は依存タイプ Q で依存する，と表現できる．

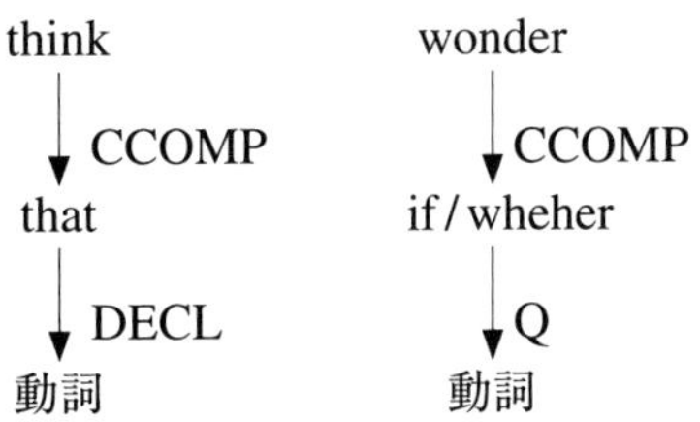

図 14.5：主節動詞，従属節動詞，補文標識の依存構造（機主内従型）

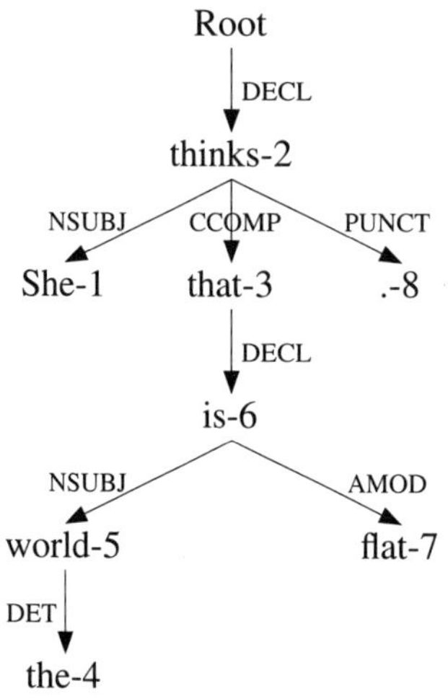

図 14.6：例文（1a）の依存構造（機主内従型）

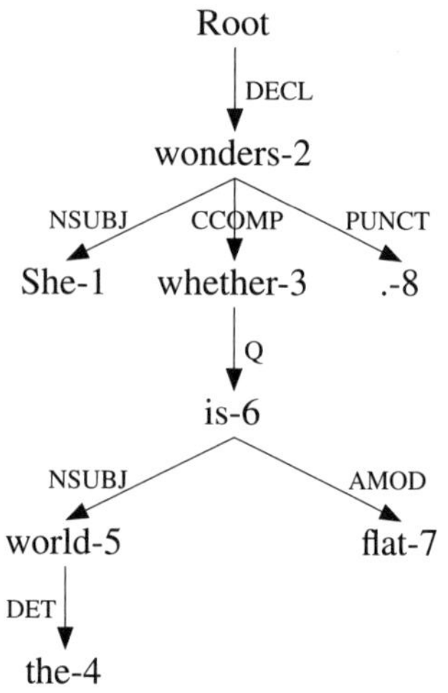

図 14.7：例文（1b）の依存構造（機主内従型）

この機主内従型依存のもう一つの利点は，動詞と補文標識との選択制限を，これらの間の直接的な依存関係で表現することが可能になる点である．例えば，以下の例文は非文法的である（Bruening et al. (2018)）.

(2) a. *She thinks whether the world is flat.

(Bruening et al. (2018: (4a)))

b. *She wonders that the world is flat.

(Bruening et al. (2018: (4b)))

このような，主節動詞と補文標識との選択制限を証拠として，Bruening et al. (2018) は従属節の主要語は動詞ではなく補文標識である，と結論付けている．つまり，主節の動詞に依存しているのは，従属節の動詞ではなく，補文標識であり，この補文標識に従属節の動詞が依存している．従属節の依存構造は，従属節動詞に補文標識が依存する内主機従型ではなく，補文標識に従属節動詞が依存する機主内従型である．そして結果，以下の図式が示す通り，「動詞 think には補文標識 if や whether は依存しない」，「動詞 wonder には補文標識 that は依存しない」，といった，個々の動詞に対する補文標識の依存可能性に関わる規則を想定することが可能になる．

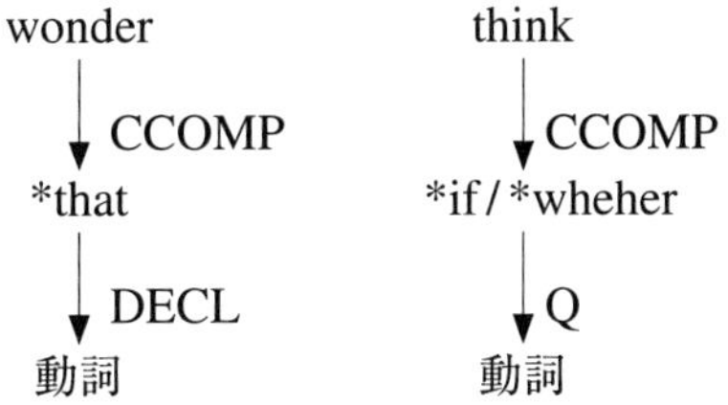

図 14.8：動詞と補文標識との依存関係が不適格な依存構造（機主内従型）

14.2.　動詞が名詞に依存している節

この節では，動詞の分詞形が形容詞的に名詞を修飾する場合に注目する．この依存関係は，UD では名詞に対して動詞が依存すると分析され，その依存タイプは adnominal clause を略した ACL と名付けられている．

図 14.9：名詞と動詞分詞形の依存構造

この節では，主要語が名詞で従属語が動詞である場合のみに注目する．従属語が形容詞であり，依存タイプが AMOD ではなく ACL である場合については，「形容詞が Secondary predicates の場合」の節を参照．

14.2.1.　動詞が現在分詞形の場合

動詞の現在分詞形が名詞に依存している場合，動詞の依存先である名詞が，この動詞の主語として機能している．

(3)　This essay needs more sentences supporting the topic.

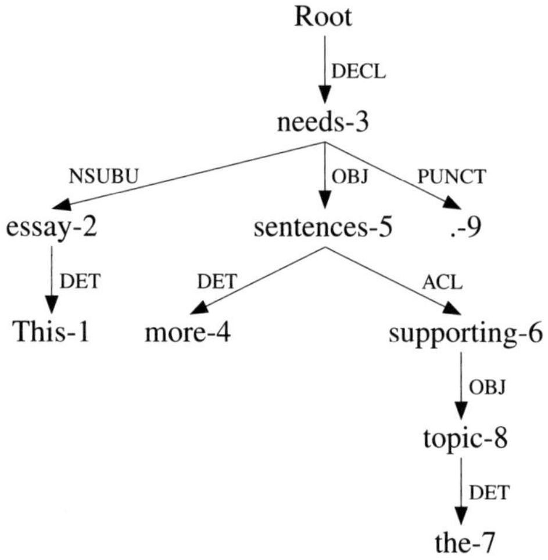

図 14.10：例文 (3) の依存構造

14.2.2.　動詞が過去分詞形の場合

この場合も，動詞が現在分詞形の場合と同様に，動詞の依存先である名詞が，この動詞の主語として機能している．

(4)　This is the thesis written by Sarah.

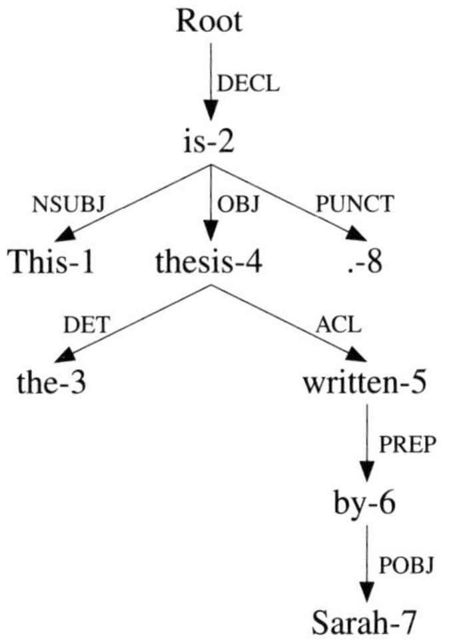

図 14.11：例文（4）の依存構造

14.2.3.　動詞が名詞に依存して同格節となる場合

不定詞形ではない動詞を主要語とする節が，fact や report といった名詞に依存する場合，関係代名詞節とは異なり，件の動詞の結合価が満たされている場合がある．例えば，以下の名詞句では，that 節の主要語である他動詞 written に対して，主語と目的語が依存しているため，この動詞の結合価は満たされている．このような場合の節は同格節と名付けられている．このような場合も，名詞に対して動詞が依存タイプ ACL で依存している，とする．

(5)　… the fact that Sarah has written this paper

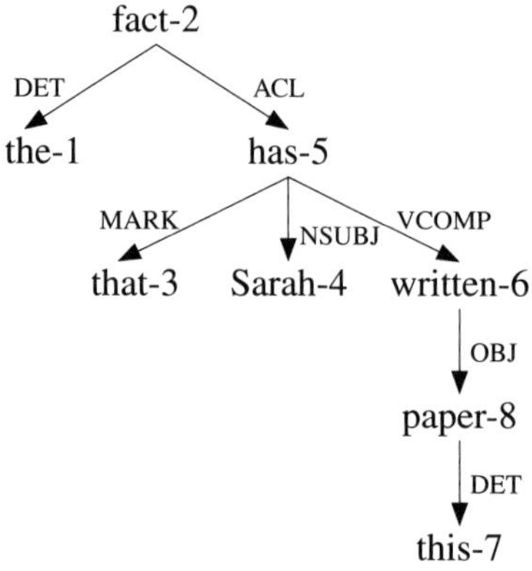

図 14.12：例文 (5) の依存構造

14.2.4. 関係代名詞節

動詞が関係代名詞節や関係副詞節中の Root 位置を占めている場合の依存タイプは，ACL の下位分類タイプの一つ ACL:RELCL である．RELCL は relative clause の略である．

関係代名詞節とその修飾先の名詞との関係に関しては，様々な分析可能性がある．この違いには，文法理論の違いが背景にある．その違いは，関係代名詞が文中のどの単語に依存するか，そして関係代名詞とその先行詞との関係をどのように説明するのかに関わっている．

(6) This is the essay which Sarah has written.

UD では，音形として表現されていない要素の存在を前提せず，音形を持つ単語間の依存関係の表示に関心があるため，以下のような依存関係を想定する．関係代名詞節内の主動詞が主節の動詞に依存し，関係代名詞は本来の依存先（以下の例文では，動詞 written）を主要語とし，関係代名詞節の依存先の名詞（以下の例文では，名詞 essay）を先行詞としている．以下の構造では，関係代名詞 which が名詞 essay を先行詞としていることを，これら二つが記号 i を伴っていることで表現した（以下，この節では，関係代名詞とその先行詞との関係は記号 i を付与することで表現する）．そして，語順は単語の横の数値で表現される．

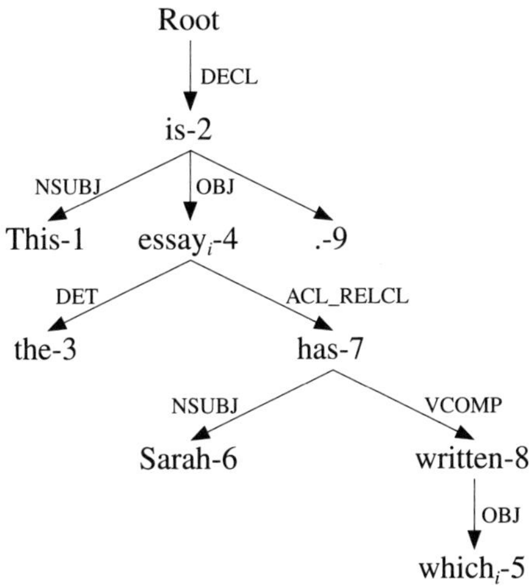

図 14.13：例文 (6) の依存構造 (UD)

一方，wh 疑問文に注目した節で述べた通り，wh 語と動詞との関係を説明する方針にはいくつかの可能性がある．その中で，the Copy Theory of Movement (CTM) と称される説明方針 (Chomsky (1995), Larson (2016), Nunes (2001, 2004), Radford (2020) 等) に従って関係代名詞節を説明する可能性をここでは取り上げる．図 14.14 のように，関係代名詞節の依存先である名詞を先行詞に取る wh 語と，関係代名詞中の主要語である動詞に依存する wh 語がコピーの関係にあり，より深く埋め込まれているほうが音形を持たない，という依存構造を提案する．この構造では，名詞に直接依存するのは wh 語であり，これに関係代名詞節の主要語である動詞が依存している．

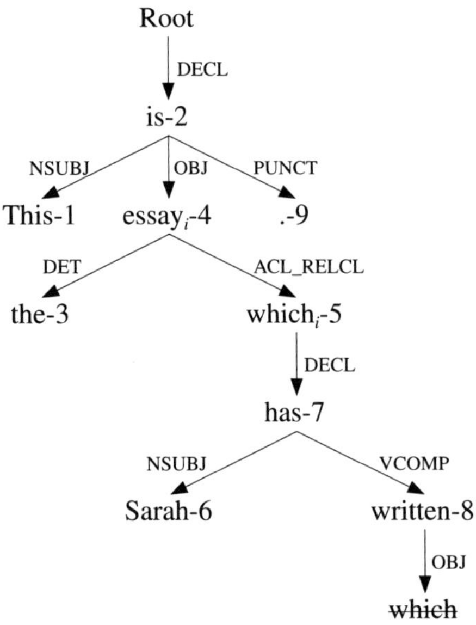

図 14.14：例文 (6) の依存構造 (CTM)

以下の例文のように，wh 語が名詞句の一部の場合もある．そのような場合も，関係代名詞節の依存先である名詞を先行詞としている wh 語と，関係代名詞節の動詞に依存する名詞句の一部である wh 語とがコピーの関係にあり，より深く埋め込まれた wh 語が音形を持たない，という依存構造を提案する．

(7) Sarah is one of the students whose supervisor is Prof. King.

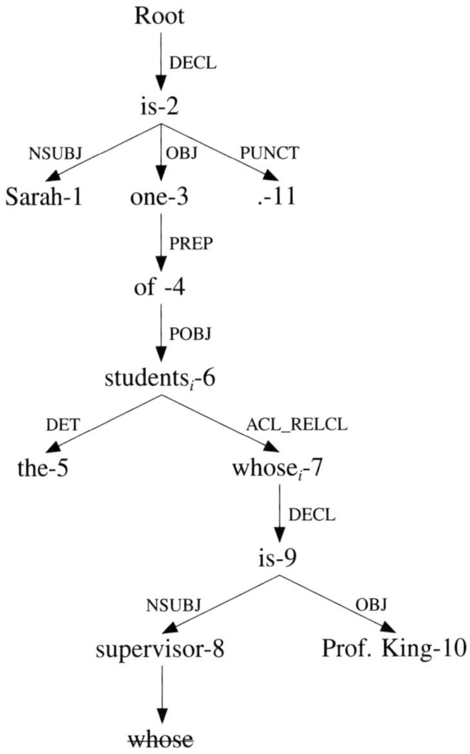

図 14.15：例文（7）の依存構造（CTM）

関係代名詞節には，wh 語で導かれるもののほかにも，that で導かれるものと，いわゆる関係代名詞を含まないものがある．

(8) a. This is the essay *that* Sarah has written.
　　b. This is the essay Sarah has written.

関係代名詞節が that で導かれている場合に関しては，wh 語で導かれている場合と同様に，関係代名詞節の依存先である名詞を先行詞に取る that と，関係代名詞中の主要語である動詞に依存する that がコピーの関係にあり，より深く埋め込まれているほうが音形を持たない，という依存構造を提案する．

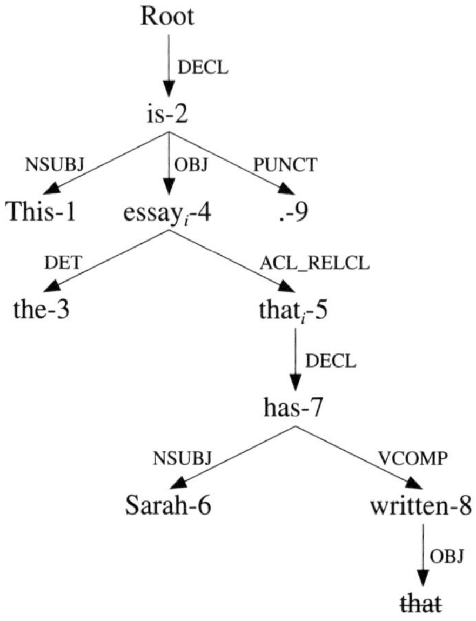

図 14.16：例文（8a）の依存構造（CTM）

関係代名詞節が関係代名詞によって導かれていない場合に関しては，関係代名詞節の依存先になっている名詞（およびそれに依存している要素）と，関係代名詞中の主要語である動詞に依存する名詞（およびそれに依存している要素）とがコピーの関係にあり，より深く埋め込まれているほうが音形を持たない，という依存構造が可能性として考えられる．

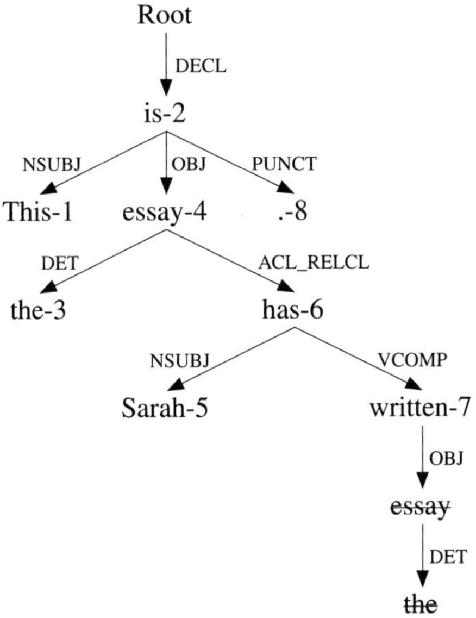

図14.17：例文（8b）の依存構造（CTM）

さらに，関係代名詞が直接別の動詞に依存している構造についても，同様に CTM による構造が可能性として考えられる．

(9)　John could not make out what Sarah was talking about.

（第 13 章「句動詞」から再掲）

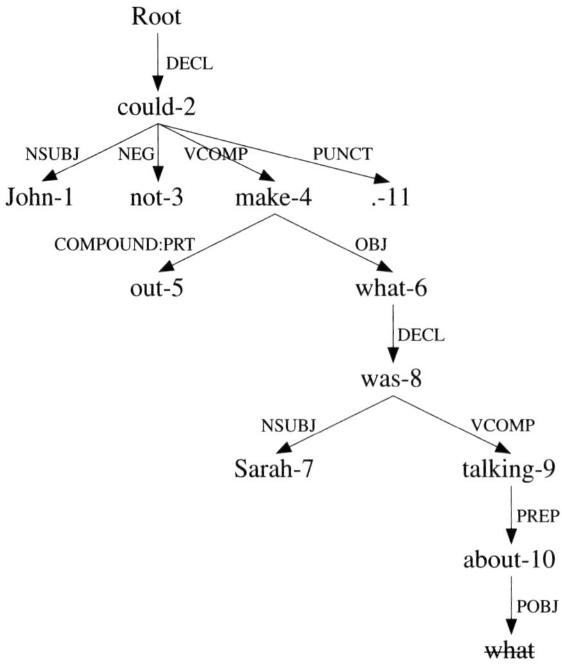

図 14.18：例文 (9) の依存構造 (CTM)

これらの依存構造は，CTM を参考にしたものであり，さらなる研究の進展によってより望ましい依存構造が提案される可能性がある．したがって，関係節を含む文の依存構造については，様々な例文を対象とした研究を進める必要がある．

14.3. 副詞節

副詞節は，文中の主節動詞に依存する従属節であり，文中で副詞として様々な意味を表現する．その依存タイプは UD では ADVCL（adverbial clause の略）である．名詞節（14.1 節）とは異なり，副詞節は動詞の結合価に含まれていない．

副詞節には様々な意味があり，接続詞によって区別される．UD では，この接続詞は，従属節中の動詞に依存し．依存関係タイプは MARK である，とされている．これは 14.1 節で名詞節について述べた場合と同様に，内主機従型である．

図 14.19：動詞，副詞節動詞，接続詞の依存構造

(10)　Sarah couldn't call John because she didn't know his number.

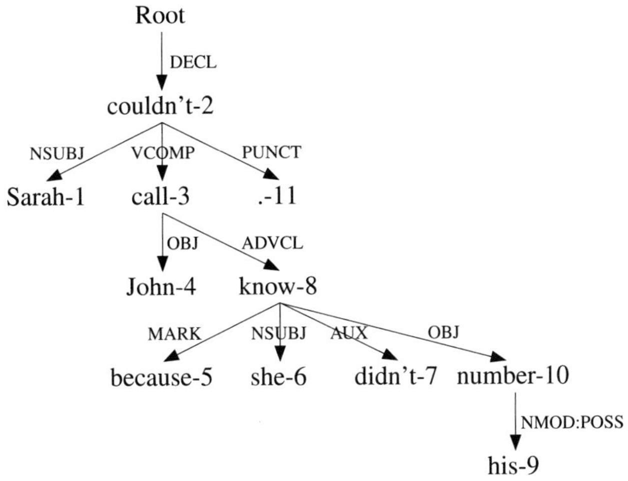

図 14.20：例文 (10) の依存構造 (UD; 内主機従型)

UD では，依存タイプ ADVCL を，接続詞によって下位分類している．例えば，上記例文では，ADVCL:BECAUSE と表記する．これによって副詞節の意味分類を明示している．この表記法により，コーパス中に出現

する ADVCL のそれぞれの下位分類の検索が容易になる．しかし，依存構造を上記のように表示する際には，接続詞が何であるのかは明らかなため，ADVCL:BECAUSE のような下位分類の表示は冗長である．したがって，上記依存構造では ADVCL の下位分類は表示しない．

一方，機主内従型の依存構造では，接続詞が動詞に依存し，この接続詞に従属節の動詞が依存する．

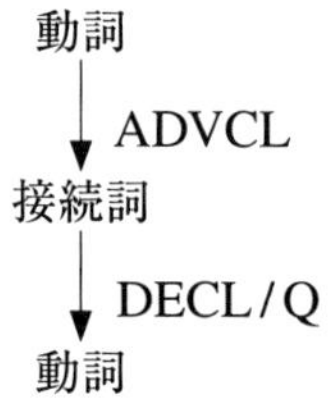

図 14.21：動詞，副詞節動詞，接続詞の依存構造（機主内従型）

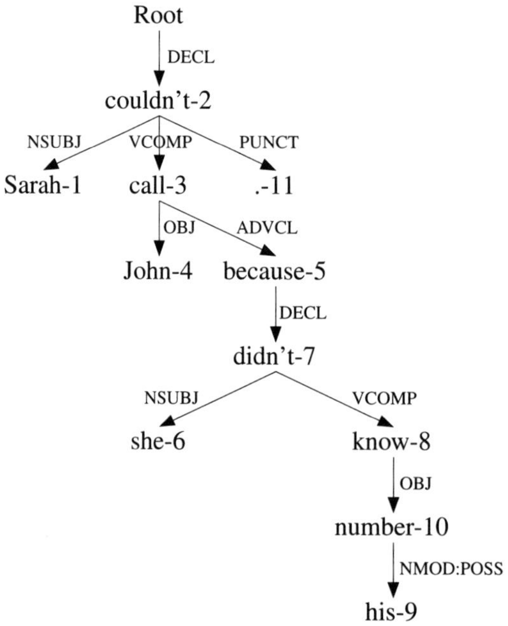

図 14.22：例文（10）の依存構造（機主内従型）

12.4 節で，文副詞の中には it is 形容詞 that の構文をとる可能性がある場合がある，と述べた．この場合の that 節は，この形容詞に依存しているので，いわば副詞節の一種である．

図 14.23：形容詞と that 節との依存構造（内主機従型）

（11） It is surprising that John has passed the exam.

（12.4 節「文修飾の副詞」から再掲）

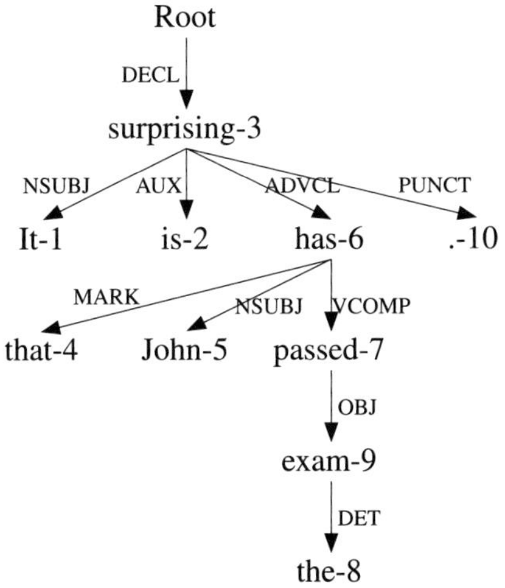

図 14.24：例文（11）の依存構造（内主機従型）

14.4.　不定詞節

動詞の不定詞が (i) 別の動詞に依存する場合，(ii) 名詞に依存する場合，そして (iii) 形容詞や副詞に依存する場合がある．

14.4.1.　動詞の不定形が別の動詞に依存する場合

この場合には 2 種類がある．第一に，動詞の不定形が別の動詞の結合価の一つに含まれている場合である．第二に，動詞の不定形が別の動詞の結合価には含まれておらず，副詞的に動詞を修飾している場合である．

14.4.1.1.　動詞の不定形が別の動詞の結合価の一つに含まれている場合

この場合はさらに，(a) to 不定詞が依存する場合と，(b) 原形不定詞が依存する場合に分類される．

(a)　to 不定詞が依存する場合

動詞の結合価の一つに to 不定詞が含まれている場合である．この場合，主節の動詞に不定詞が依存し，さらにこの不定詞に一種の補文標識として to が依存する．この依存関係は以下の図式で表現される．

図 14.25：動詞と to 不定詞との依存構造

(12)　Sarah asked John to read her term paper.

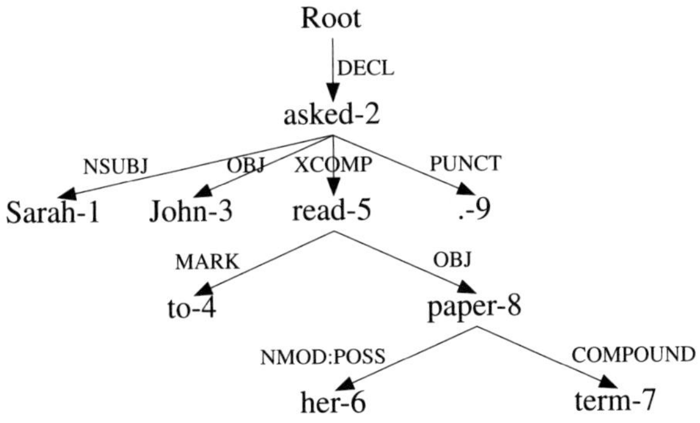

図 14.26：例文（12）の依存構造

(b)　原形不定詞が依存する場合

この場合は，いわゆる使役構文である．使役動詞に対して別の動詞が依存している．

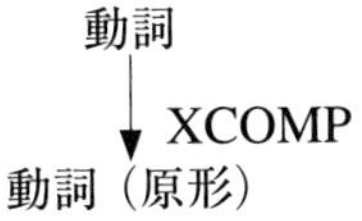

図 14.27：動詞と原形不定詞との依存構造

（13）　Sarah helped / let / made John read her term paper.

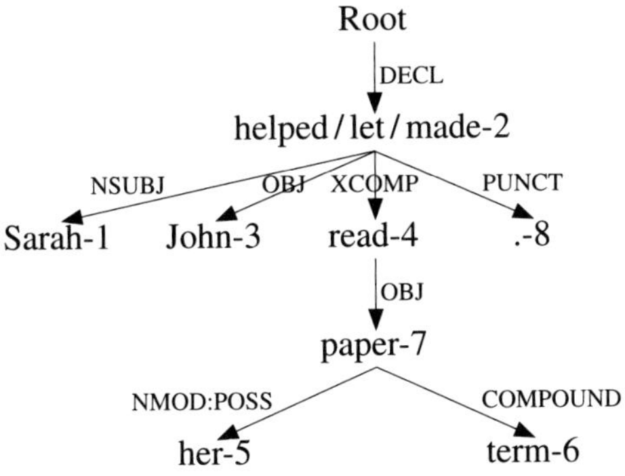

図 14.28：例文（13）の依存構造

14.4.1.1. 動詞の不定形が別の動詞の結合価には含まれておらず，副詞的に動詞を修飾している場合

この場合の主節動詞と不定詞節動詞との関係は，主節動詞と副詞節動詞の関係と同様であり，依存タイプは ADVCL である．[1]

図 14.29：動詞と副詞的 to 不定詞との依存構造

(14) Sarah has read five books to write her term paper.

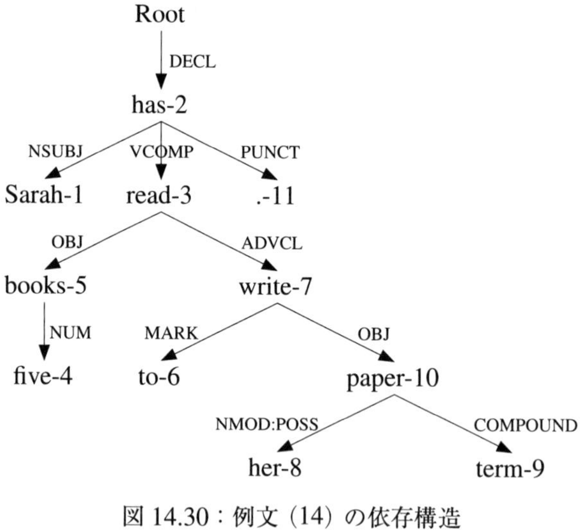

図 14.30：例文 (14) の依存構造

[1] UD では，さらにこの依存タイプを ADVCL:TO と下位分類しているが，14.3 節で副詞節の依存タイプ ADVCL の下位分類について述べた通り，これは依存構造中での表示としては冗長なので，ここでは ADVCL と表記する．

14.4.2. 動詞の不定形が名詞に依存する場合

この場合は，動詞の不定形が形容詞的に名詞を修飾している.[2] この依存関係を図式化したものは以下のとおりである.

図 14.31：名詞と to 不定詞との依存構造

(15)　Sarah has bought several books to read.

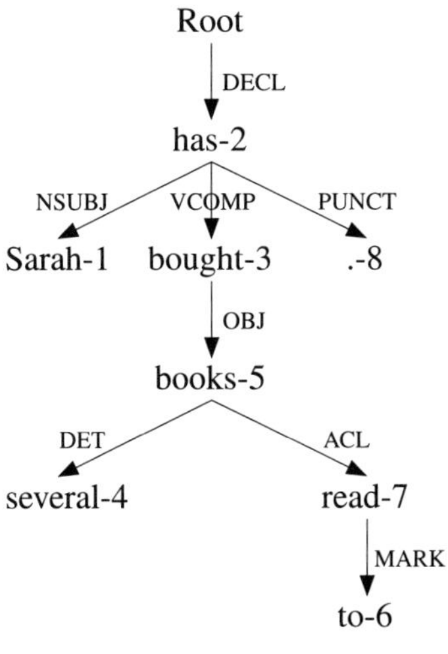

図 14.32：例文 (15) の依存構造

[2] この場合，UD では依存タイプ ACL の下位分類である ACL:TO としているが，14.3 節での ADVCL の下位分類について述べた通り，そして ADVCL:TO についての前節での脚注と同様，ここでは ACL と表記する.

14.4.3. 動詞の不定形が形容詞に依存する場合

この場合には，動詞の不定形が副詞的に形容詞を修飾している．この場合の依存関係は以下の通りに図式化される．

図 14.33：形容詞と to 不定詞との依存構造

(16) Prof. King's lecture is difficult to understand.

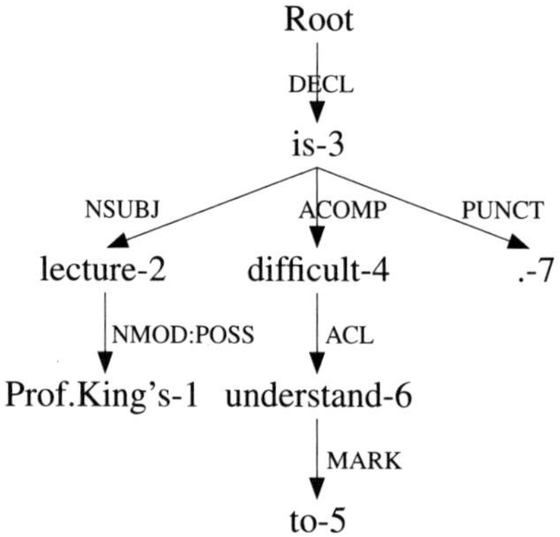

図 14.34：例文 (16) の依存構造

第 15 章

省略表現

この節では，省略表現について注目する．省略表現を含む文の依存構造を考える場合，依存関係にある二つの単語のどちらが省略されているのかに基づいて分類することを提案する．つまり，省略表現は，依存関係にある二つの単語のうち，(i) 従属語が省略されている場合と，(ii) 主要語が省略されている場合との二つの種類の省略に分類される． 以下，それぞれの場合に関して典型的な例文とその依存構造を提示する．

15.1. 従属語が省略されている場合

この節では，依存関係にある二つの単語の中で従属語が省略されている場合に注目する．この場合を件の単純な図式に当てはめて提示すると，以下のとおりである．Word 1 と Word 2 との間に依存関係があり，その依存タイプは type 1 であることが表現されている．

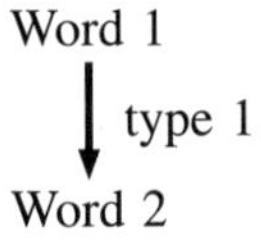

図 15.1：単純な依存構造

ここで，従属語が省略されている場合は次のように表現される．

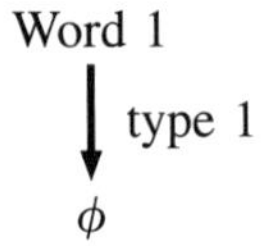

図 15.2：従属語が省略された依存構造

記号 ϕ は，Word 2 が省略されていることを意味する．

15.1.1. 従属語の名詞が省略されている場合

命令文

命令文では，動詞に依存している主語名詞は省略される．そして，動詞と Root との依存関係のタイプは，imperative の省略である IMP と名付ける．

(1)　Watch your steps!

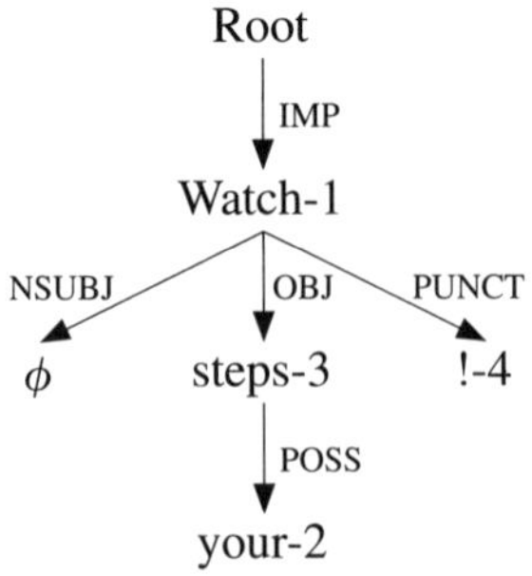

図 15.3：例文 (1) の依存構造

15.1.2. 従属語の動詞が省略されている場合

応答文では，動詞とその目的語などが省略される．例えば，次のような例文である．

(2)　“Have you read this book?” — “Yes, I have.”

この場合，回答の “Yes, I have.” は，“read this book” が省略されていると考えるのが自然である．そして，機主内従型依存構造はこの省略関係を自然に表現することが可能である．“Have you read this book?” と，これに対する応答である “Yes, I have.” の機主内従型依存構造は以下のとおりである．

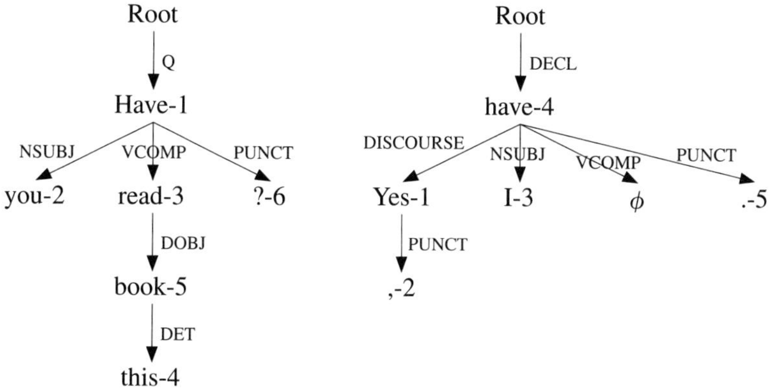

図 15.4：例文 (2) の依存構造（機主内従型）

一方，内主機従型の依存構造では，上記の省略関係を自然に表現することが出来ないように思われる．内主機従型依存構造では，主語名詞と助動詞との間には依存関係がないため，Root 位置にある動詞を省略すると，これら二つは互いに無関係となってしまうからである．

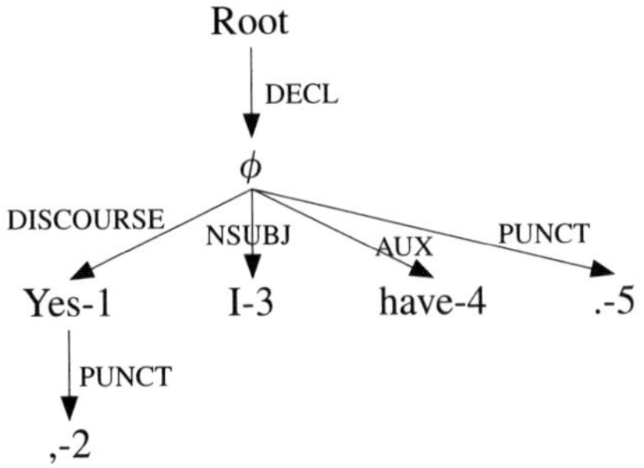

図 15.5：例文 (2)，“Yes, I have.” の依存構造（内主機従型）

このように，省略表現を考慮に入れると，UD 的な内主機従型依存構造よりも，機主内従型依存構造が望ましいように思われる．

15.2.　主要語が省略されている場合

この節では，依存関係にある二つの単語の中で主要語が省略されている場合に注目する．この場合を件の単純な図式に当てはめて提示すると，以下のとおりである．以下の図式では，Word 1 と Word 2 との間に依存関係があり，その依存タイプは type 1 であることが表現されている．

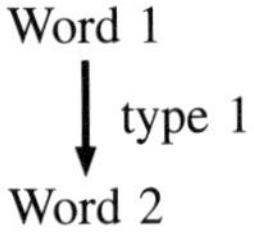

図 15.6：単純な図式（再掲）

ここで，主要語が省略されている場合は次のように表現される．

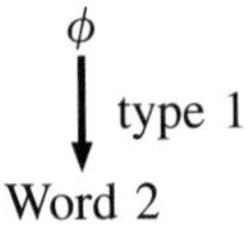

図 15.7：主要語が省略された依存構造

記号 ϕ は，Word 1 が省略されていることを意味する．

15.2.1.　主要語の名詞が省略されている場合

この節では，主要語の名詞が省略されている場合，特に限定詞との依存関係にあり，主要語であるはずの名詞が省略されていて，限定詞のみで名詞句として別の単語に依存する場合[1] に注目する．

第一に，the，a，そして every は名詞の省略を許容しない（Payne and Huddleston (2002)，例文も同様に Payne and Huddleston (2002) に基づく）．

(3)　Sarah's papers were better than those of Rebecca.

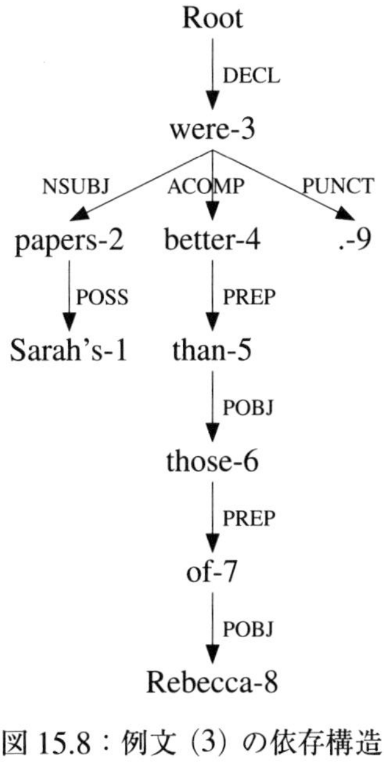

図 15.8：例文 (3) の依存構造

(4) *Sarah's papers were better than the of Rebecca.

[1] この構文を，Payne and Huddleston (2002) は fused-head NPs と名付けている．

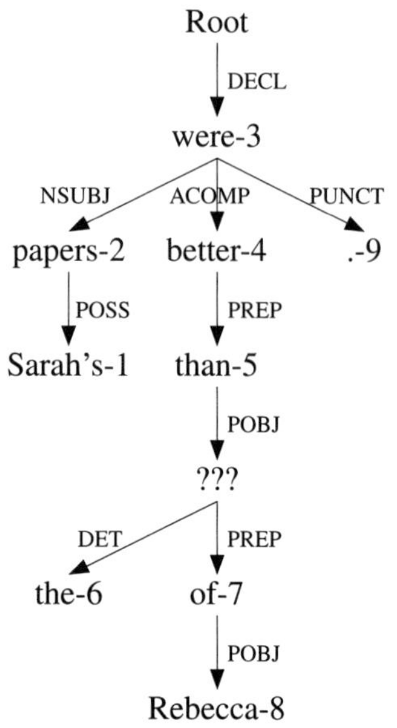

図 15.9：例文（4）の依存構造

(5)　I haven't got an eraser; can you lend me one?

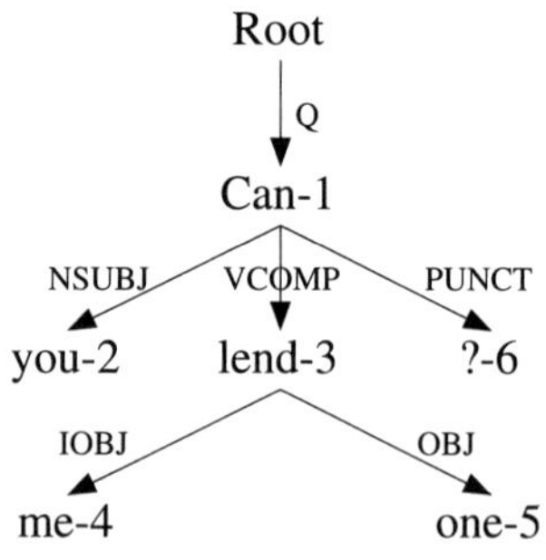

図 15.10：例文（5）下線部の依存構造

(6)　*I haven't got an eraser; can you lend me a?

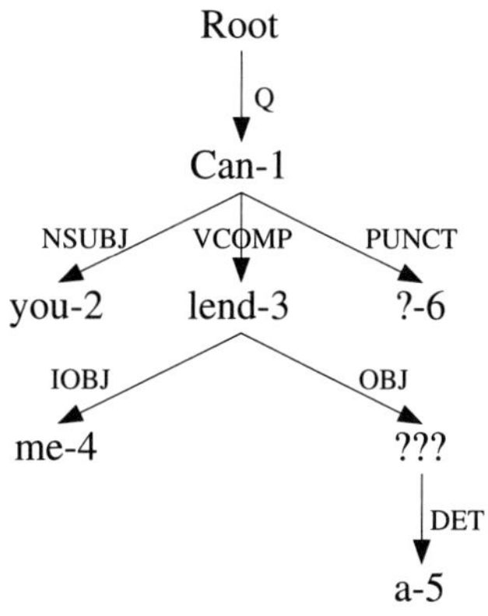

図 15.11：例文（6）の依存構造

(7) Sarah received over a hundred letters and replied to every one of them.[2]

[2] 並列表現については，第 16 章を参照．

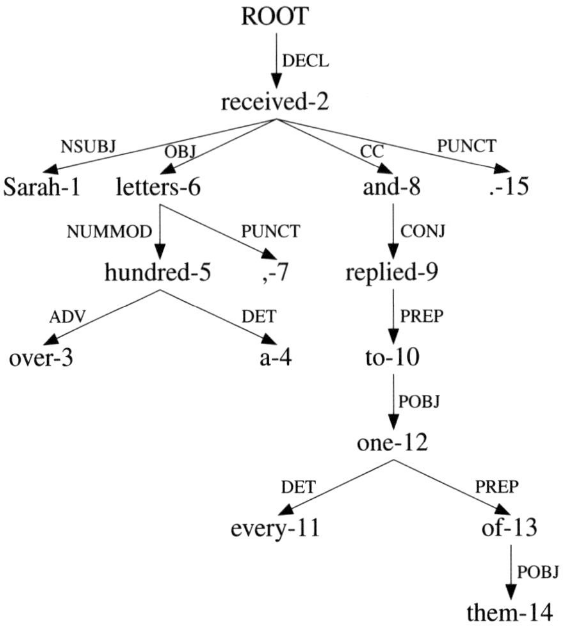

図 15.12：例文（7）の依存構造

(8) *Sarah received over a hundred letters and replied to every.

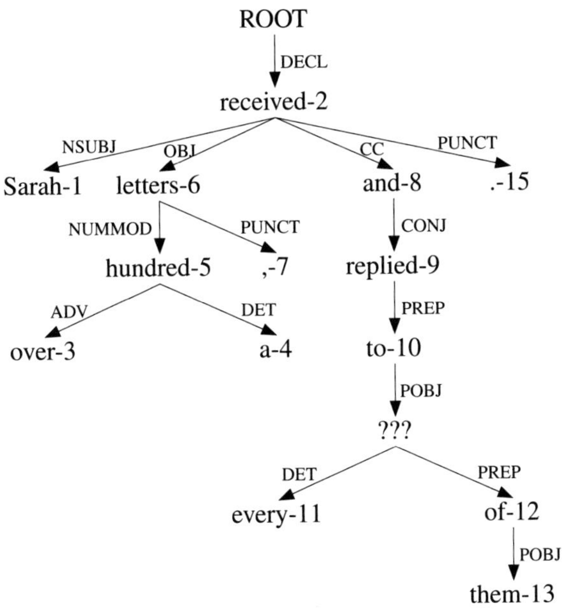

図 15.13：例文 (8) の依存構造

次に，名詞が省略されて限定詞のみで名詞句として別の単語に依存する場合には，次の三つのタイプがある（Payne and Huddleston (2002)）．第一に，単純に名詞が省略されている場合，第二に，of を主要語とする前置詞句によって修飾されている場合，そして特別な意味がある場合である．それぞれの限定詞により，どのタイプで使われるかは異なっている．

例えば，certain と various は，主要部となるはずの名詞は省略可能である（Payne and Huddleston (2002)，例文も同文献に基づく）．[3] これらだけで名詞として別の単語に依存可能だが，その場合には of を主要語とする前

[3] 厳密にいえば，ここでは単純な省略現象が起きているのではない．ここで，文脈から単語 essays を補って certain に後続させても，文脈的には適切ではない（"... certain essays dealt with environmental issues."）ここで省略されているのは前文の内容であり，それを含んだうえで省略のない文を再現すれば，"... certain essays which Sarah wrote dealt with environmental issues." となるであろう．

置詞句によって修飾される必要がある．certain や various は，これら自体で独立して代名詞的に機能できないと解釈できる．

(9) Sarah wrote some essays; certain of them dealt with environmental issues.

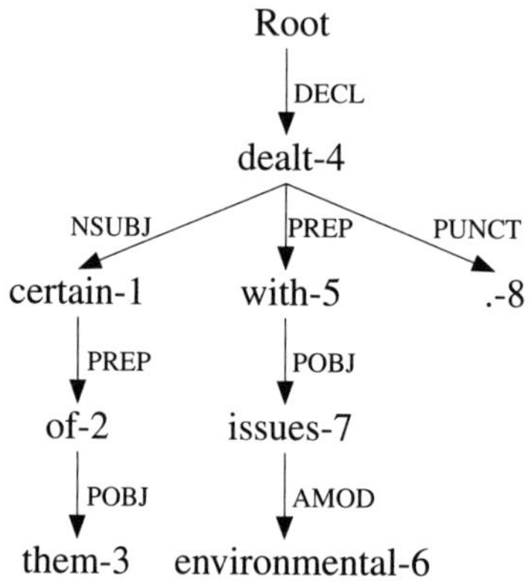

図 15.14：例文（9）下線部の依存構造

(10) *Sarah wrote some essays; certain dealt with environmental issues.

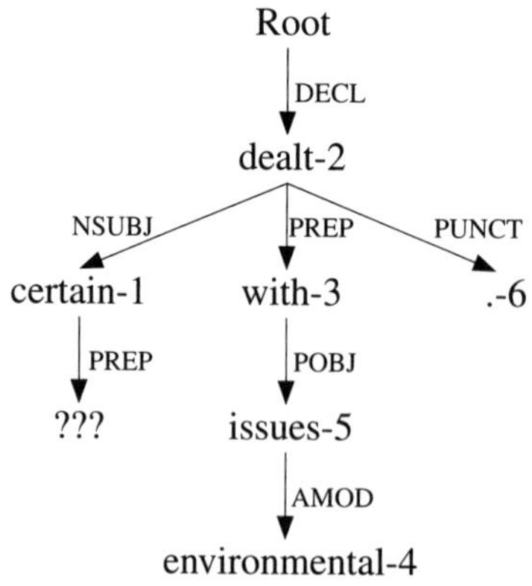

図 15.15：例文（10）下線部の依存構造

次に，both，each，either，neither，that，this，そして which も，主要語となるはずの名詞は省略可能であり，しかも of を主要語とする前置詞句によって修飾される必要はない（Payne and Huddleston (2002)，例文も同文献に基づく）．これらは代名詞として機能可能であると解釈するのが自然である．

（11） They had borrowed two books, but there wasn't time to read either (of them).

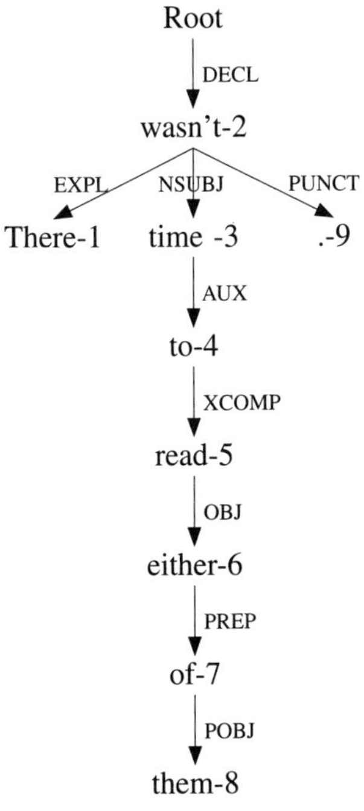

図 15.16：例文（11），"of them" を含む依存構造

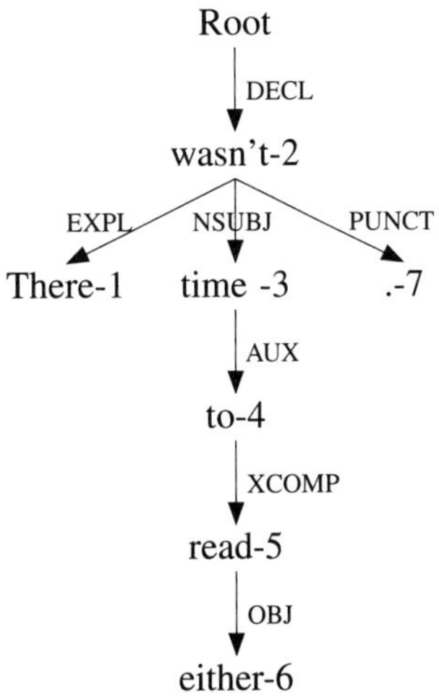

図 15.17：例文（11），"of them" を含まない依存構造[3]

[4] この文は，"There wasn't time to read, either." とは異なる．この場合，either は be 動詞を修飾する副詞として機能しているからである．

(12)　John used to have two spare keys, but both (of them) have disappeared.

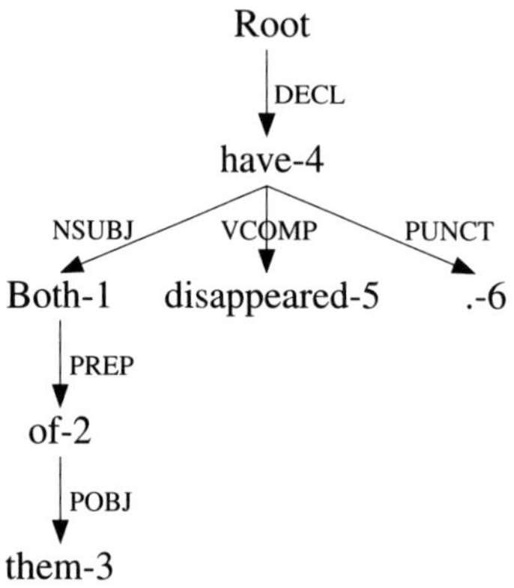

図 15.18：例文（12），“of them” を含む依存構造

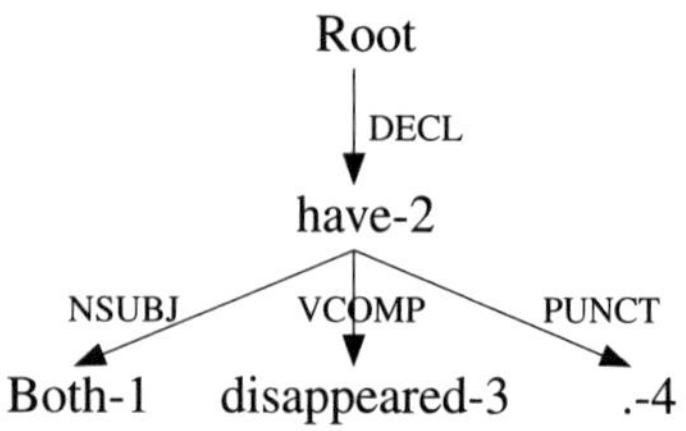

図 15.19：例文（12），“of them” を含まない依存構造

さらに，所有格名詞も，所有されるものを表す名詞が省略される場合があるが，of を主要語とする前置詞句によっては修飾されない（Payne and Huddleston (2002)，例文も同文献に基づく）．

(13)　Sarah's is the best of all papers.

(14) *Sarah's of all papers is the best.

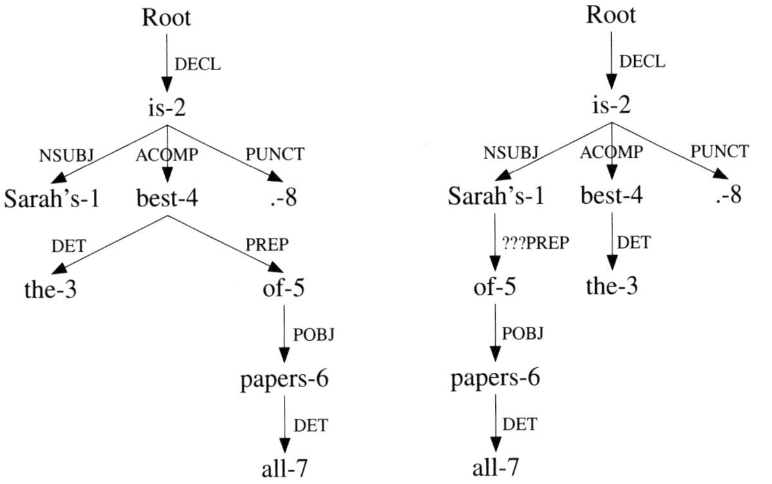

図 15.20：例文（13）の依存構造　　図 15.21：例文（14）の依存構造

さらに，those が名詞を伴わずに使われ，of 前置詞句で修飾されている場合は，この of 前置詞句がさらに関係節などで修飾されている必要がある (Payne and Huddleston (2002)，例文も同文献に基づく)．例えば，*Sarah has talked about those of the papers. では，papers がさらに関係節で修飾されていないので非文法的である．一方，Sarah has talked about those of the papers which she read. では，papers は which she read という関係節で修飾されているので問題ない．

(15) *Sarah has talked about those of the papers.

(16) Sarah has talked about those of the papers which she read.

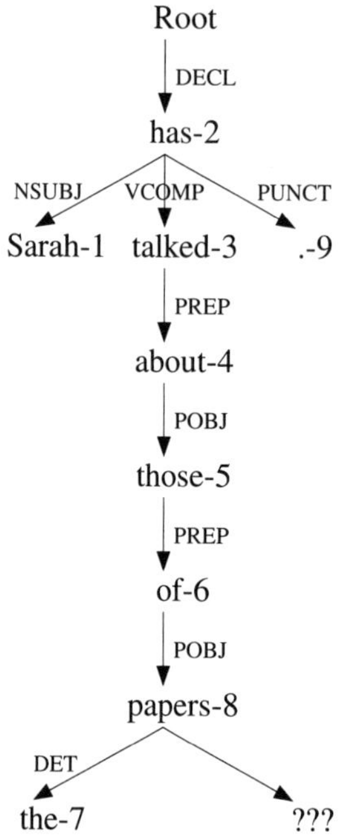

図 15.22：例文（15）の依存構造

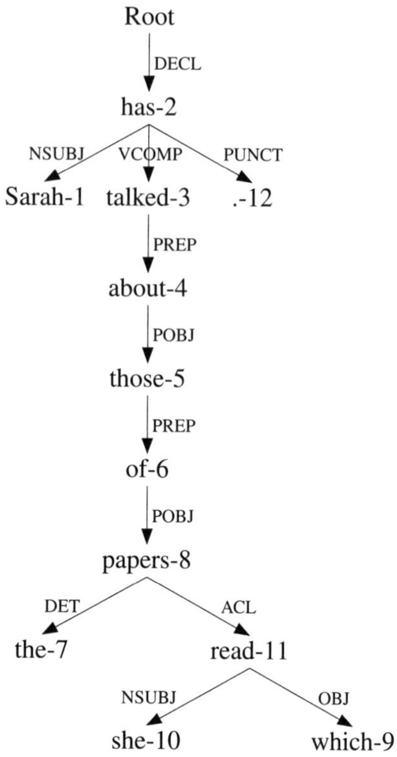

図 15.23：例文（16）の依存構造

15.2.2. 主要語の動詞が省略されている場合

この節では，主要語の動詞が省略されている文の依存構造に注目する．以下の例文では，主節の動詞 won が並列節中では省略されている．

(17) “Marie won gold and Peter bronze.”[5]

UD では，このような例文に対して，Peter が won に依存タイプ CONJ

[5] https://universaldependencies.org/u/dep/all.html#al-u-dep/orphan（2022 年 5 月 27 日閲覧）

で依存し，bronze が Peter に特別な依存タイプである ORPHAN で依存する，と分析する．

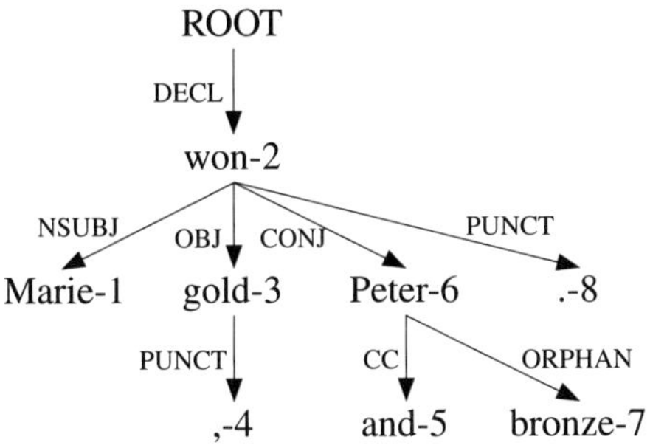

図 15.24：例文（17）の依存構造（内主機従型）

このような構文は，ORPHAN という依存タイプを想定するよりも，並列節の動詞が省略されていると考え，以下のように分析するのが自然であると考えられる．

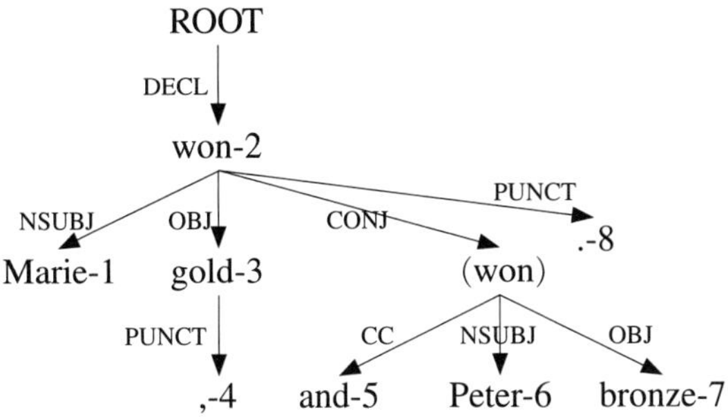

図 15.25：例文（17）の依存構造（依存タイプ ORPHAN を想定しない）

第 16 章

並列表現

この節では，並列表現について注目する．依存文法の枠組みで並列表現を表現する方法には，理論編で概観した通り，以下のような異なる方針がありうる．(i) 従属語が並列されている場合，各従属語が主要語に直接依存する (ESS)；(ii) 並列関係にある語を要素とする集合を想定し，この集合が主要語に依存する (FGD)；(iii) 並列関係にある複数の従属語の中で，最初のものが主要語に直接依存し，後続する従属語が連鎖的に依存していく (MTT，UD)．この節では，これら三つの方針をできるだけ平等に取り扱い，それぞれの方針に基づいた依存構造を提示する．

16.1. 従属語が並列されている場合

この節では，複数の従属語が並列関係にある場合に注目する．

(1) Sarah is studying linguistics and philosophy.

この文では，動詞 studying の直接目的語として linguistics と philosophy とが並列関係にある．このような場合，(i) 各従属語が主要語に直接依存する，とする ESS によれば，その依存構造は以下のとおりである．名詞 linguistics と philosophy はともに動詞 studying に依存し，その依存タイプはどちらも OBJ である．それぞれ，接続詞 and と水平な結合関係にある．

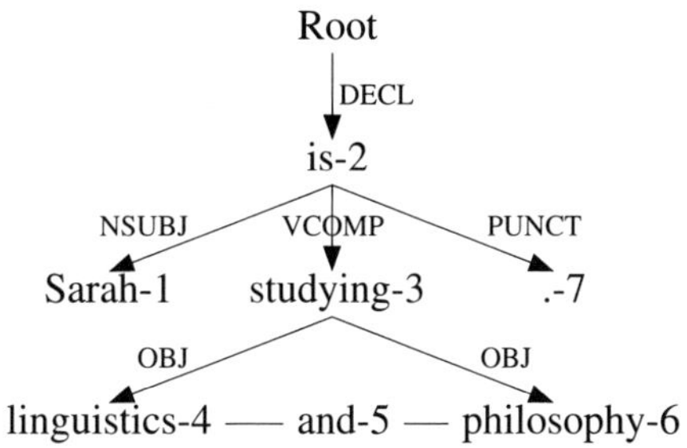

図 16.1：例文（1）の依存構造（ESS の方針に基づく）

この場合，動詞 studying に依存タイプ OBJ で依存している単語が二つあることになり，これは依存タイプ OBJ の性質と矛盾する（Criterion C3 について述べた 2.3.5.3 節や，目的語について述べた 5 節も参照）．

次に，（ii）並列関係にある語を要素とする集合を想定し，この集合が主要語に依存する，とする FGD の方針に従えば，その依存構造は以下のとおりである．この依存構造では，楕円形の枠は集合を表現し，その要素は名詞 linguistics と philosophy である．

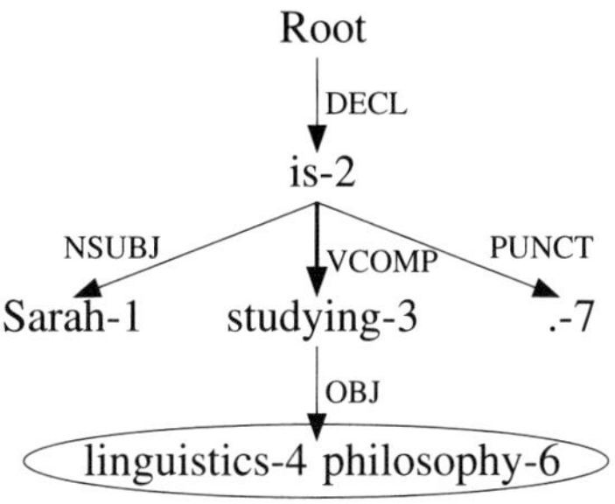

図 16.2：例文（1）の依存構造（FGD の方針に基づく）

この方針では，単語と単語との依存関係ではなく，単語の集合と別の単語との依存関係を定義づける必要があり，これは他の単語間の依存関係とは異なる特別な依存関係を並列関係にのみ設定することになるので，依存文法の枠組みの理論的な統一性を考慮に入れると，望ましい方針とは考えにくい．

最後に，(iii) 並列関係にある複数の従属語の中で，最初のものが主要語に直接依存し，後続する従属語が連鎖的に依存していく MTT や UD の方針に従えば，その依存構造は以下のとおりである．

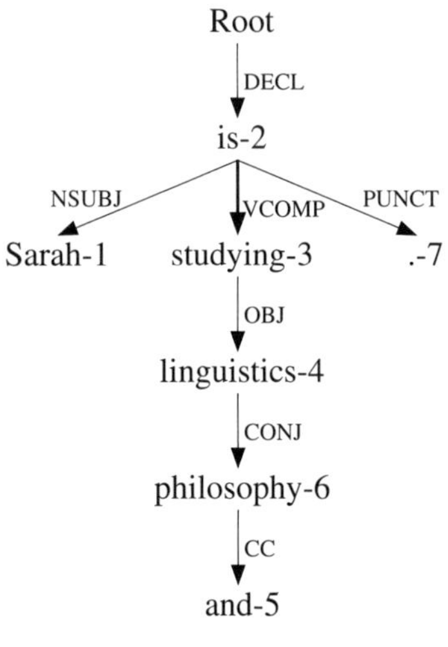

図 16.3：例文 (1) の依存構造 (MTT，UD の方針に基づく)

この方針は，前述の二つの方針がはらむ問題とは無関係である．依存タイプ OBJ を並列構造の場合にのみ再定義する必要はなく，一つの単語は別の一つの単語にのみ依存し，単語とそれ以外の要素との依存関係を設定する必要もないからである．したがって，依存タイプ OBJ や NSUBJ のように，主要語に依存する単語が一つのみの依存タイプの場合には，MTT や UD の方針にしたがった依存構造を想定するのが望ましい．

この一方で，主要語に依存する単語が複数ありうる依存タイプ (Criterion C3)（2.3.5.3 節を参照）に関しては，ESS のように一つの主要語に複数の従属語が依存するという構造で問題ない．

(4)　Sarah is studying linguistics diligently and enthusiastically.

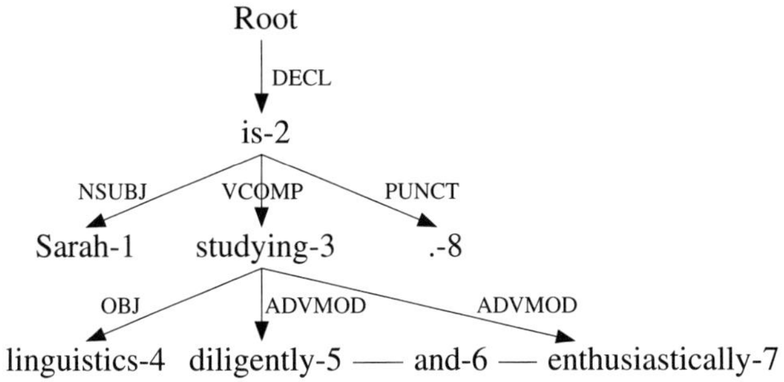

図 16.4：例文 (4) の依存構造

16.2.　主要語が並列されている場合

この節では，複数の主要語が並列関係にあり，これらに従属語が依存している構文に注目する．主要語の品詞ごとに例文とその依存構造を提示し，その問題点を指摘する．依存関係の主要語として典型的な品詞は名詞と動詞なので，これら二つに注目する．

16.2.1.　主要語の動詞が並列されている場合

この節では，一つの名詞が，並列関係にある複数の動詞に依存する場合に注目する．例えば，理論編で取り上げた Tesnière（1959: 340）の例文と，その依存構造は以下のとおりである．

(5)　Sarah sings and dances.

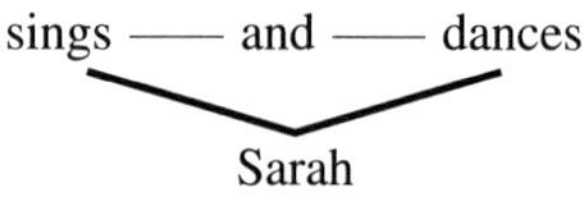

図 16.5：例文（5）の依存構造（図系 254（Tesnière（1959: 340））を基に作成（再掲））

この依存構造は，従属語が二つの主要語に依存しているため，「一つの従属語は唯一の主要語に依存する」という前提をとる依存構造枠組みでは非適格な構造である．

一方，FGD のように並列関係にある語を要素とする集合を想定した場合，動詞を要素とする集合を想定し，これに一つの主語が依存することになる．これを単純に図式化すると以下の通りになる．

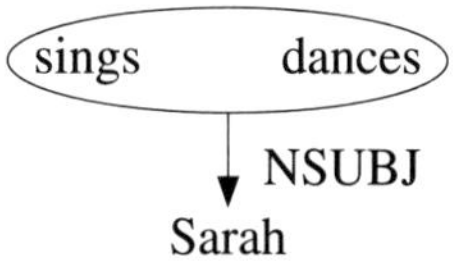

図 16.6：例文（5）の依存構造（並列関係にある動詞を要素とする集合を想定した場合）

この場合，単語と単語との依存関係ではなく，単語の集合と別の単語との依存関係を定義づける必要があるので，先述の「従属語が並列されている場合」と同様に，理論的統一を考慮に入れると望ましい方針とは考えにくい．

一方，UD では，上記の例文の依存構造は以下の通りである．並列関係にある動詞間に依存関係があり，その依存タイプは CONJ である．これは他の単語間の依存関係と同列で並列関係を取り扱うという点で前者 2 つよりも単純である．

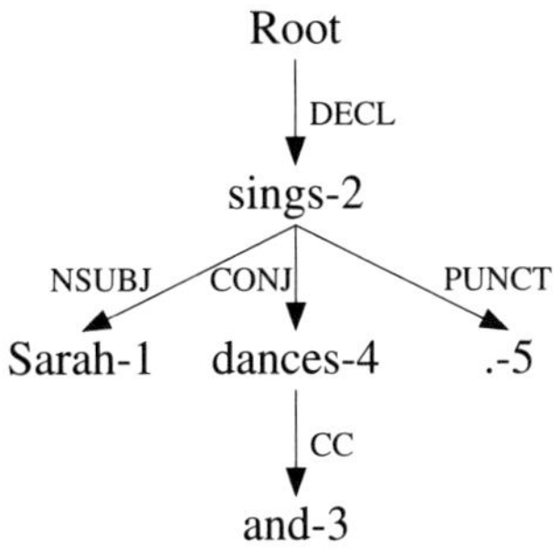

図 16.7：例文（5）の依存構造（UD の枠組みに基づく）

しかしこの依存構造では，並列要素の動詞 “dance” とその主語との依存関係が表現されていない．これは，UD では音形を持たない要素は表示しないという方針に沿っていることが理由であり，より厳密には，動詞 dance と名詞 Sarah との間の依存関係を何らかの形で表現することが望ましい．ここで，以下のように第二の並列要素である動詞 dance から名詞 Sarah へと依存関係を表現する矢印を記入すると，ESS の依存構造と同様に，一つの従属語に複数の主要語があることになり，「一つの従属語は唯一の主要語に依存する」という前提をとる依存構造枠組みでは非適格な構造である．

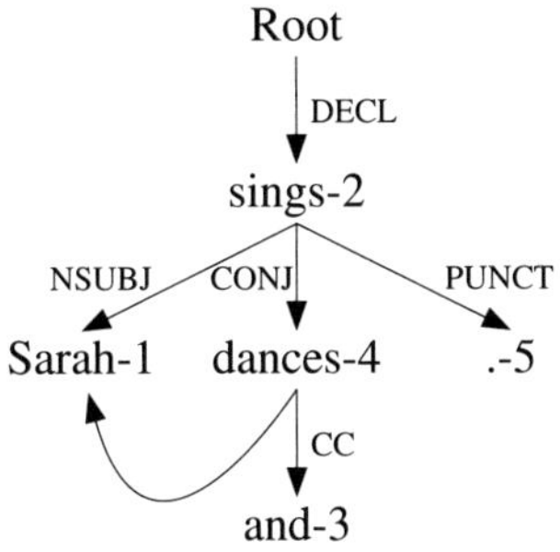

図 16.8：例文（5）の依存構造（第二の並列要素と主語との依存関係を想定した場合）

または，音形を持たないゼロ代名詞（仮に PRO と表記する）の存在を想定し，それが名詞 Sarah を指示対象としている，という表現も可能である．この場合には，従属語は唯一の主要語に依存する，という原則に従っている．

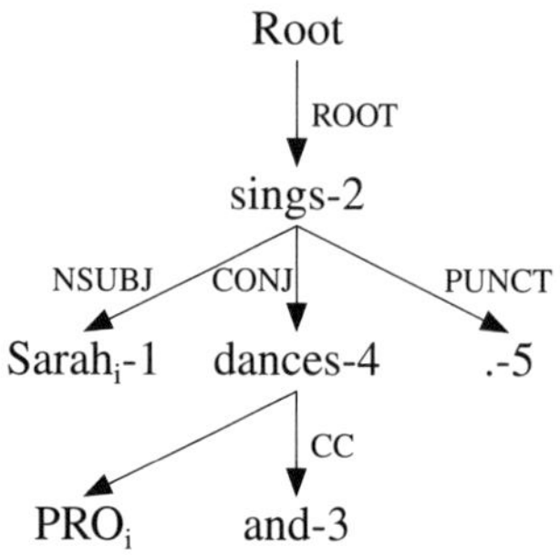

図 16.9：例文 (5) の依存構造 (PRO を想定した場合)

または，wh 疑問文（6.6.2 節）や関係代名詞節（14.2.4 節）のように，主語のコピーの一つが音形を持たないという説明も可能である．

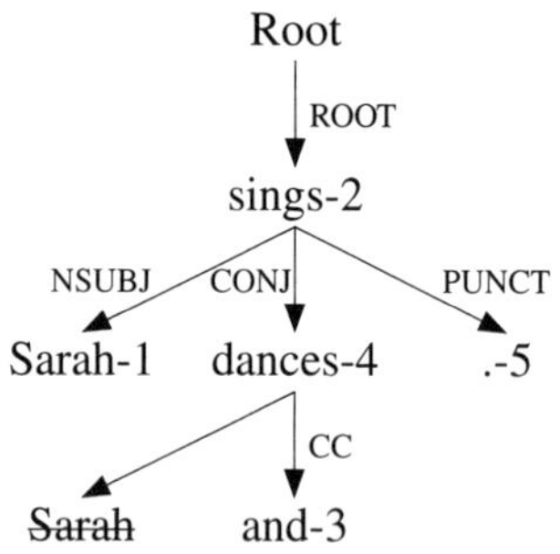

図 16.10：例文 (5) の依存構造 (音型を持たないコピーを想定した場合)

このように，主要語の動詞が複数個並列されている場合の依存構造をどのように表現するかについてはいくつかの可能性が存在する．これらの中でどれを最適なものとして選択するべきなのか，あるいはこれら以外の可能性は何かについては，今後の研究として残されている．

16.2.2.　主要語の名詞が並列されている場合

この節では，一つの単語が，並列関係にある複数の名詞に依存する場合に注目する．そのような依存関係が可能な単語とは，名詞に依存する可能性のある要素である．この節では形容詞が並列関係にある複数の名詞に依存している場合に注目する．例えば，例文（6）では，形容詞 new は並列関係にある名詞 books と folders に依存している．

（6）　Sarah buys new books and folders.[1]

この例文の依存構造は，Tesnière（1959）によれば，以下の依存構造を持つとされる．

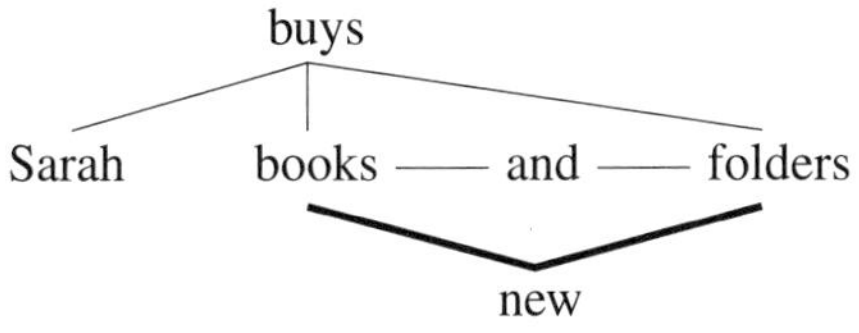

図 16.11：例文（6）の依存構造（図系 255（Tesnière（1959: 340））を基に作成）

この依存構造は，前節で主要語の動詞が並列されている場合と同様に，従属語である形容詞が二つの主要語である名詞に依存しているため，「一つの従属語は唯一の主要語に依存する」という前提をとる依存構造枠組みでは非適格な構造である．さらに，16.1 節で述べたように，複数の名詞が目的語として一つの動詞に依存している点でも不適格である．

一方，MTT や UD のように，並列関係にある複数の従属語の中で，最初のものが主要語に直接依存し，後続する従属語が連鎖的に依存していく

[1] ここでは，形容詞 new が名詞 books と folders を修飾している，という前提で進めるが，new が books のみを修飾する解釈も可能であり，そしてそのような解釈をより自然な解釈として選好する立場もありうる．もしそのような解釈のみが正しいならば，この節で述べられている内容は不必要であろう．

方針に沿った依存構造は以下のとおりである．

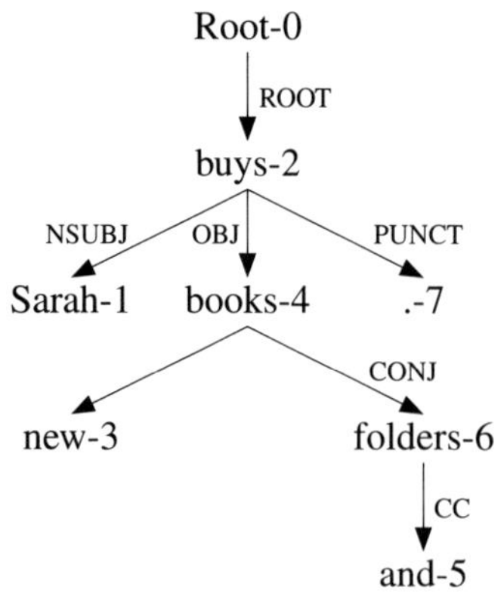

図 16.12：例文 (6) の依存構造 (MTT や UD の方針に基づく)

ここで，形容詞 new と名詞 folders との修飾関係は，前節で述べた主要語の動詞が並列されている場合と同様に，音形を持たないコピーの存在を想定することで説明されうる．

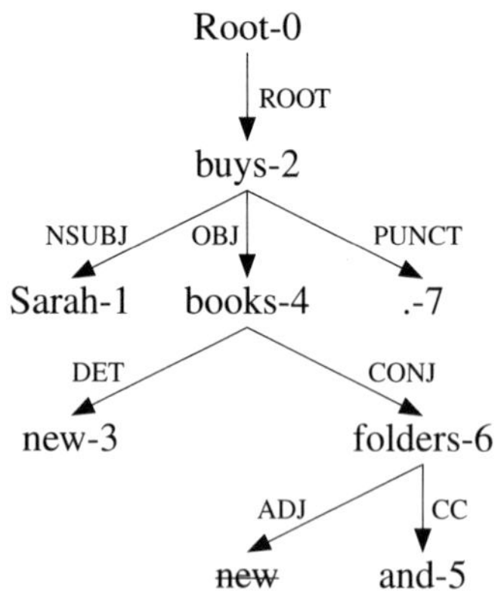

図 16.13：例文 (6) の依存構造 (音形を持たないコピーを想定)

第 17 章

複合名詞

複合名詞とは，二個以上の名詞が複合して成立した名詞である．英語の場合は，(i) 二つ（以上）の名詞の間にスペースがある場合，(ii) 二つ（以上）の名詞がハイフンで連結される場合，そして (iii) 二つ（以上）の名詞の間にハイフンもスペースもない場合がある．UD では，(i) と (ii) では二つの名詞の間に依存関係がある，として取り扱い，(iii) の場合は一つの単語として取り扱う．

本来，複合名詞を形成する名詞の間には様々な意味的関係があるが，UD ではそれらを複数単語表現の一種として一括して compound とタイプ分けしている．

図 17.1：複合名詞の依存構造

(1) Tesnière's Dependency Grammar

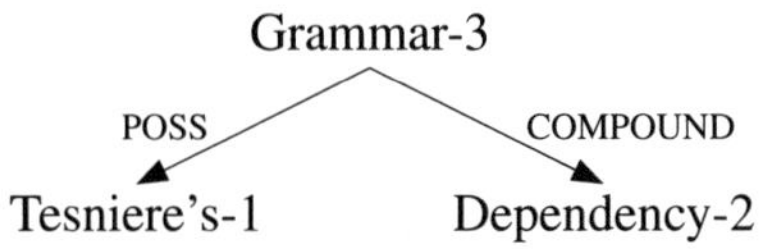

図 17.2：例文（1）の依存構造

compound についての UD のウェブページ（https://universaldependencies.org/en/dep/compound.html）での説明によると，2022 年 5 月時点での UD に基づく構文解析出力（Stanford parser）では，複合名詞はすべて最も右側の名詞に依存する，と解析される．しかし，複合名詞中の名詞が常に最も右側の名詞に依存するわけではない．例えば，以下の例を考えてみよう．

（2） Distance learning education

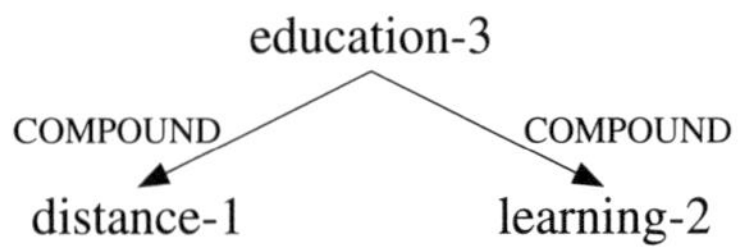

図 17.3：例文（2）の依存構造（構文解析出力）

明らかに，この複合名詞では，distance は learning と複合名詞を形成し，さらにこれが education と複合名詞を形成している．したがって，名詞 Distance はすぐ右の名詞 learning に依存し，その依存タイプは compound である．

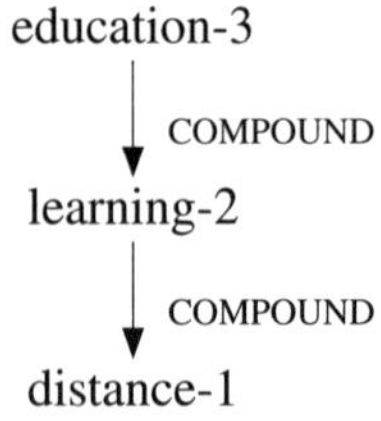

図 17.4：例文（2）の依存構造

しかし，現行の構文解析パーザでは，件のウェブページの説明に従えば，Distance も learning も education に依存する，と誤った解析結果を出力することになる．したがって，現在の UD に基づく構文解析パーザでは，複合名詞中の名詞間の依存関係は必ずしも正しく出力できない．（この点について，前述のウェブページでは “... there is no intelligent noun compound analysis” と述べている）．[1] この欠点は，科学技術分野の文書を構文解析する際に問題となる．科学技術分野では様々な研究が日進月歩で発展し，その結果として，常に新しい複合名詞が生み出されている．事実，科学技術論文の特徴として，複合名詞の使用頻度が高いことを指摘している研究もある (Biber and Gray (2016) 等)．もしこれらの複合名詞を適切に構文解析できないとするならば，構文解析が科学技術分野の進化に追い付いていないことを意味する．この論点についての解決策を提示するのはこの本の目的とは異なるため，ここではあくまでこのような問題があることに触れ，今後の研究の進展に期待を寄せるにとどめる．

---

[1] https://universaldependencies.org/en/dep/compound. html (2022 年 5 月 27 日閲覧)

第18章

終わりに

応用編では，理論編で紹介した単語間依存関係の単純な図式が，個々の例文でどのように具体化されるのかを例文とその依存構造を提示しながら説明した．説明にあたっては，「内容語が主要語，機能語は従属語」という依存方向の依存構造（内主機従型）と，「機能語が主要語，内容語が従属語」という依存方向の依存構造（機主内従型）の双方を可能な限り提示した．そして，最終的にどちらの構造がより望ましいのかという点については結論を下さず，今後の研究の進展にゆだねることとした．英語の統語構造を依存文法の枠組みで概観するという目的の達成のため，本来であるならばより詳細な記述が必要である諸論点についても割愛した．この本での英語の統語構造分析を出発点として，依存文法の枠組みに基づく自然言語の統語構造研究がさらに発展することを願ってやまない．

あとがき

この本は，依存文法の枠組みについて，Tesnière（1959）に始まる主要な理論を紹介したのち，英語文を題材としてその応用可能性について述べたものである．この本の執筆には思いのほか時間を取ることとなった．しかも，振り返ればまだ書き足りない論点がいくつかあることに気づかされる．思いつくままに挙げてみると，著者の目下の研究課題である依存構造の計量的分析については全く触れていない点，いくつかの重要構文を取り上げることが出来なかった点，取り上げた構文に対する分析が不十分な点などである．これらの論点については，各々だけで一冊の本になるであろうことを鑑み，将来の課題とする．なお，本研究はJSPS科研費JP20K00583の助成を受けたものである．

この本の執筆においては，開拓社の川田賢さんに大変お世話になった．ありがとうございました．そして，妻である大矢誓紺（せいこ）からの助言がなければこの本は実現しなかった．いつもありがとう．さらに，この本を出版するにあたり，私の父大矢哲朗に感謝の意を伝えたい．父に英語を教わった日々が現在の私の基礎を形作っている．ありがとう，これからもお元気で．

2022年6月

大矢　政徳

参考文献

Abney, Steven (1987) *The English Noun Phrase in its Sentential Aspect*, MIT, Cambridge, MA.

Adger, David (2003) *Core Syntax: A Minimalist Approach*, Oxford University Press, Oxford.

Asahara, M., H. Kanayama, T. Tanaka, Y. Miyao, S. Uematsu, S. Mori, Y. Matsumoto, M. Omura and Y. Murawaki (2018) "Universal Dependencies Version 2 for Japanese," *LREC-2018*.

Baker, Mark (1983) "Objects, Themes and Lexical Rules in Italian," *Papers in Lexical-Functional Grammar*, ed. by L. S. Levin, M. Rappaport and Z. Zaenen, Indiana University Linguistics Club.

Bejček, Eduard, Eva Hajičová, Jan Hajič, Pavlína Jínová, Václava Kettnerová, Veronika Kolářová, Marie Mikulová, Jiří Mírovský, Anna Nedoluzhko, Jarmila Panevová, Lucie Poláková (Mladová), Magda Ševčíková, Jan Štěpánek and Šárka Zikánová (2013) *Prague Dependency Treebank 3.0.*, Data/software, Univerzita Karlova v Praze, MFF, ÚFAL, Prague, 2013. http://ufal.mff.cuni.cz/pdt3.0/

Bernstein, Judy (2001) "The DP Hypothesis: Identifying Clausal Properties in the Nominal Domain," *Handbook of Contemporary Syntactic Theory*, ed. by M. Baltin and C. Collins, Blackwell, London.

Bernstein, Judy (2008) "Reformulating the Determiner Phrase Analysis," *Language and Linguistic Compass*, Vol. 2, Issue 6, 1246–1270.

Biber, Douglas and Bethany Gray (2016) *Grammatical Complexity in Academic English*, Cambridge University Press, Cambridge.

Bloomfield, Leonard (1933) *Language*, Holt, Rinehart and Winston, New York.

Bosco, Cristina, Simonetta Montemagni and Maria Simi (2013) "Converting Italian Treebanks: Towards an Italian Stanford Dependency Treebank," *Proceedings of the 7th Linguistic Annotation Workshop and Interoperability with Discourse*, 61–69, Sofia, Bulgaria. https://aclanthology.org/W13-2308

Bresnan, Joan (1982) *The Mental Representation of Grammatical Relations*, MIT Press, Cambridge, MA.

Bresnan, Joan and Jonni M. Kanerva (1989) "Locative Inversion in Chicheŵa: A Case Study of Factorization in Grammar," *Linguistic Inquiry* 20(1), 1-50.

Bresnan, Joan and Sam Mchombo (1995) "The Lexical Integrity Principle: Evidence from Bantu," *Natural Language & Linguistic Theory* 13, 181-254.

Bruening, Benjamin (2020) "The Head of the Nominal Is N, Not D: N-to-D Movement, Hybrid Agreement, and Conventionalized Expressions," *Glossa* 5 (1), 15. doi: https://doi.org/10.5334/gjgl.1031

Bruening, Benjamin, Xuyen Dinh and Lan Kim (2018) "Selection, Idioms, and the Structure of Nominal Phrases with and without Classifiers," *Glossa* 3(1), 42. doi: https://doi.org/10.5334/gjgl.288

Buchholz, Sabine and Erwin Marsi (2006) "CONLL-X Shared task on multilingual dependency parsing" *Proceedings of the Tenth Conference on Computational Natural Language Learning*, 149-164.

Burzio, Luigi (1986) *Italian Syntax*, Reidel, Dordrecht.

Cable, Seth (2010a) *The Grammar of Q: Q-particles, Wh-movement, and Pied-piping*, Oxford University Press, Oxford.

Cable, Seth (2010b) "Against the Existence of Pied-piping: Evidence from Tlingit," *Linguistic Inquiry* 41, 563-594.

Carlson, Greg (1977) "A Unified Analysis of the Bare Plural," *Linguistics and Philosophy* 1(3), 413-456.

Chang, Pi-Chuan, Huihsin Tseng, Dan Jurafsky and Christopher D. Manning (2009) "Discriminative Reordering with Chinese Grammatical Relations Features," *Proceedings of the Third Workshop on Syntax and Structure in Statistical Translation*, Boulder, Colorado. https://web.stanford.edu/~jurafsky/ssst09-cameraready.pdf

Chomsky, Noam (1977) "On Wh-movement," *Formal Syntax*, ed. by P. W. Culicover, T. Wasow and A. Akmajian, 71-132, Academic Press, New York.

Chomsky, Noam (1981) *Lectures on Government and Binding*, Foris, Dordrecht.

Chomsky, Noam (1995) *The Minimalist Program*, MIT Press, Cambridge, MA.

Chomsky, Noam (2008) "On Phases," *Foundational Issues in Linguistic Theory: Essays in Honor of Jean-Roger Vergnaud*, ed. by R. Friedin, C. Otero and M. L. Zubizarreta, 133-165, MIT Press, Cambridge, MA.

Corbett, Greville G., Norman M. Fraser and Scott McGlashan (1993) *Heads in Grammatical Theory*, Cambridge University Press, Cambridge.

Cuřín, Jan, Martin Čmejrek, Jiří Havelka and Vladislav Kuboň (2004) "Building Parallel Bilingual Syntactically Annotated Corpus," *Proceedings of the First International Joint Conference on Natural Language Processing*, 141-146.

Dalrymple, Mary (2001) *Lexical-Functional Grammar*, Academic Press, San Diego.

Das, Dipanjan and Slav Petrov (2011) "Unsupervised Part-of-speech Tagging with Bilingual Graph-based Projections," *Proceedings of the 49th Annual Meeting of the Association for Computational Linguistics: Human Language Technologies*, 600–609.

Debusmann, Ralph, Denys Duchier and Geert-Jan M. Kruijff (2004) "Extensible Dependency Grammar: A New Methodology," *Proceedings of the Workshop on Recent Advances in Dependency Grammar*, 70–76.

Debusmann, Ralph and Marco Kuhlmann (2010) "Dependency Grammar: Classification and Exploration," *Resource-Adaptive Cognitive Processes*, ed. by Matthew W. Crocker and Jörg Siekmann, 365–388, Springer, Berlin.

de Marneffe, Marie-Catherine and Christopher D. Manning (2008) "The Stanford Typed Dependencies representation," *COLING Workshop on Cross-framework and Cross-domain Parser Evaluation.*

de Marneffe, Marie-Catherine, Timothy Dozat, Natalia Silveira, Katri Haverinen, Filip Ginter, Joakim Nivre and Christopher D. Manning (2014) "Universal Stanford Dependencies: A Cross-Linguistic Typology," *Ninth International Conference on Language Resources and Evaluation* (*LREC 14*).

de Marneffe, Marie-Catherine and Christopher D. Manning (2016) *Stanford Typed Dependency Manual.* https://downloads.cs.stanford.edu/nlp/software/dependencies_manual.pdf

de Marneffe, Marie-Catherine, Christopher Manning, Joakim Nivre and Daniel Zeman (2021) "Universal Dependencies," *Computational Linguistics* 47(2), 255–308.

Epstein, Samuel David, Erich M. Groat, Ruriko Kawashima and Hisatsugu Kitahara (1998) *A Derivational Approach to Syntactic Relations*, Oxford University Press, New York.

Firbas, Jan (1964) "On Defining the Theme in Functional Sentence Analysis," *Travaux Linguistiques de Prague* 1, 267–280.

Firbas, Jan (1966) "Non-thematic Subjects in Contemporary English," *Travaux Linguistiques de Prague* 2, 239–256.

Firbas, Jan (1992) *Functional Sentence Perspective in Written and Spoken Communication*, Cambridge/London University Press, Cambridge/London.

Francez, Nissim and Shuly Wintner (2011) *Unification Grammars*, Cambridge University Press, Cambridge. doi:10.1017/CBO9781139013574

Frege, Gottlob (1884) *Die Grundlagen der Arithmetik. Eine logisch-mathe-*

matische Untersuchung über den Begriff der Zahl, Breslau: W. Koebner. [Reprint published by Georg Olms, Hildesheim, 1961; translation by J. L. Austin (with original text) (1953) *The Foundations of Arithmetic. A logicomathematical Enquiry into the Concept of Number*, Basil Blackwell, Oxford.]

Gärtner, Hans-Martin (2002) *Generalized Transformations and Beyond: Reflections on Minimalist Syntax*, Akademie Verlag, Berlin. doi: http://dx.doi.org/10.1524/9783050074757

Hajičová, Eva (1984) "Presupposition and Allegation Revisited," *Journal of Pragmatics* 8, 155-167.

Hajičová, Eva (2007) "The Position of TFA (Information Structure) in a Dependency Based Description of Language," *MTT 2007*.

Hajičová, Eva (2012) "What We Have Learned from Complex Annotation of Topic-focus Articulation in a Large Czech Corpus," *Écho des études romanes* 8, 51-64.

Hajičová, Eva (2019) "A Plea for Information Structure as a Part of Meaning Representation," *Proceedings of the Workshop on Designing Meaning Representations*, 66-72.

Hajičová, Eva and Jiří Mírovský (2018) "Discourse Coherence through the Lens of an Annotated Text Corpus: A Case Study," *LREC Proceedings* 1637-1642.

Hajičová, Eva, Barbara H. Partee and Petr Sgall (1998) *Topic-Focus Articulation, Tripartite Structures, and Semantic Content*, Kluwer, Dordrecht.

Hajičová, Eva, Petr Sgall and Kateřina Veselá (2007) "Contextual Boundness and Contrast in the Prague Dependency Treebank," *Language Context and Cognition: Interfaces and Interface Conditions*, ed. by Andreas Spaeth, 231-243, Walter de Gruyter, Berlin / New York.

Haverinen, Katri, Veronika Laippala, Samuel Kohonen, Anna Missilä, Jenna Nyblom, Stina Ojala, Timo Viljanen, Tapio Salakoski and Filip Ginter (2013) "Towards a Dependency-Based PropBank of General Finnish," *Proceedings of the 19th Nordic Conference of Computational Linguistics (NODALIDA 2013)*, 41–57, Oslo, Norway. https://aclanthology.org/W13-5609/

Hays, David G. (1964) Dependency Theory: A Formalism and Some Observations," *Language* 40, 511-525. doi: 10.2307 / 411934.

Hornstein, Norbert (1999) "Movement and Control," *Linguistic Inquiry* 30, 69-96.

Hudson, Richard (1984) *Word Grammar*, Blackwell, Oxford.

Hudson, Richard (2010) *An Introduction to Word Grammar*, Cambridge University Press, Cambridge.

飯島周（1973）「言語生成記述の一方法について」『跡見学園女子大学紀要』6 号, 43-52.

Janssen, Theo (2012) "Compositionality: Its Historical Context," *The Oxford Handbook of Compositionality*, ed. by Wolfram Hinzen, Edouard Machery and Markus Werning, Oxford University Press, Oxford.

Kahane, Sylvian (1984) "The Meaning-Text Theory," *Dependency and Valency*,

小泉保（監訳）(2007)『構造統語論要説』(ルシアン・テニエール（著）), 研究社, 東京.

小泉保 (2009)『日英対照　すべての英文構造が分かる本』開拓社, 東京.

Koktova, Eva (1991) "Review of Sgall et al. (1986) "The Meaning of the Sentence in Its Semantic and Pragmatic Aspects"," *Lingua* 85(1), 72-80.

Landau, Idan (2003) "Movement Out of Control," *Linguistic Inquiry* 34, 471-498.

Larson, Brooke (2016) "The Representation of Syntactic Action at a Distance: Multidominance versus the Copy Theory," *Glossa* 1(1): 39, 1–18. doi: http://dx.doi.org/10.5334/gjgl.15

Lieber, Rochelle (1992) *Deconstructing Morphology*, University of Chicago Press, Chicago.

Lipenkova, Janna and Milan Souček (2014) "Converting Russian Dependency Treebank to Stanford Typed Dependencies Representation," *Proceedings of the 14th Conference of the European Chapter of the Association for Computational Linguistics, volume 2: Short Papers*, 143–147, Gothenburg, Sweden. https://aclanthology.org/E14-4028/

Lipka, Leonhard (1977) "Functional Sentence Perspective, Intonation, and the Speaker," *Grundbegriffe und Hauptstroemungen der Linguistik*, ed. by Christoph Gutknecht, 133-141, Hoffman and Campe Verlag, Hamburg.

Longobardi, Giuseppe (1995) "Reference and Proper Names: A Theory of N-Movement in Syntax and Logical Form," *Linguistic Inquiry* 25(4), 609-665.

Longobardi, Giuseppe (2001) "The Structure of DPs: Some Principles, Parameters and Problems," *Handbook of Contemporary Syntactic Theory*, ed. by M. Baltin and C. Collins, Blackwell, London.

Manzini, Rita (1983) "On Control and Control Theory," *Linguistic Inquiry* 14, 421-446.

Mathesius, Vilém (1939) "O tak zvaném aktuálním členění větném," *Slovo a slovesnost* 5, 171-174. [Translated as "On Information-Bearing Structure of the Sentence," in S. Kuno (ed.) (1975) *Harvard Studies in Syntax and Semantics*, 467-480.]

McDonald, Ryan, Joakim Nivre, Yvonne Quirmbach-Brundage, Yoav Goldberg, Dipanjan Das, Kuzman Ganchev, Keith Hall, Slav Petrov, Hao Zhang, Oscar Täckström, Claudia Bedini, Núria Bertomeu Castelló and Jungmee Lee (2013) "Universal Dependency Annotation for Multilingual Parsing," *Proceedings of ACL 2013.*

Mel'čuk, Igor (1988) *Dependency Syntax: Theory and Practice*, The SUNY Press, Albany, NY.

Mel'čuk, Igor (2009) "Dependency in Natural Language," *Dependency in Linguistic Description*, ed. by Alain Polguère and Igor Mel'čuk, 1-110, John Benjamins, Amsterdam.

Mel'čuk, Igor (2011) "Dependency in Language-2011," *Proceedings of International Conference on Dependency Linguistics*, 1-16.

Nivre, Joachim (2015) "Towards a Universal Grammar for Natural Language Processing," *Computational Linguistics and Intelligent Text Processing*, CICLing 2015, ed. by A. Gelbukh, Lecture Notes in Computer Science, vol 9041, Springer, Cham. https://doi.org/10.1007/978-3-319-18111-0_1

Nunes, Jairo (2001) Sideward movement. *Linguistic Inquiry* 32. 303–344. doi: http://dx.doi.org/10.1162/00243890152001780

Nunes, Jairo (2004) *Linearization of Chains and Sideward Movement*, Linguistic Inquiry Monographs 43, MIT Press, Cambridge, MA.

Osborne, Timothy, Michael Putnam and Thomas M. Gross (2011) "Bare Phrase Structure, Label-less Trees, and Specifier-less Syntax. Is Minimalism Becoming a Dependency Grammar?" *The Linguistic Review* 28, 315-364.

Oya, Masanori (2010) *Treebank-based Automatic Acquisition of Wide Coverage, Deep Linguistic Resources for Japanese*, M.Sc. thesis, Dublin City University.

Oya, Masanori (2014) *A Study of Syntactic Typed-Dependency Trees for English and Japanese and Graph-Centrality Measures*, Ph.D. dissertation, Waseda University.

Partee, Barbara H. (1984) "Compositionality," *Varieties of Formal Semantics*, no. 3 in GRASS, ed. by F. Landman and F. Veltman, 281–311, Foris, Dordrecht. [Reprinted in Partee 2004, 153-181.]

Partee, Barbara H. (1987) "Noun Phrase Interpretation and Type-shifting Principles," *Studies in Discourse Representation Theory and the Theory of Generalized Quantifiers*, ed. by Jeron Groenendijk, Dick de Jongh and Martin Stokhof, 115-144, Foris, Dordrecht.

Partee, Barbara H. (2004) *Compositionality in Formal Semantics, Selected Pa-*

pers by Barbara H. Partee, no. 1 in Explorations in Semantics, Blackwell, Malden, MA.

Perlmutter, David M. (1978) "Impersonal Passives and the Unaccusative Hypothesis," *BLS* 4, 157–189.

Percival, W. Keith (1990) "Reflections on the History of Dependency Notions in Linguistics," *Historiographia Linguistica*, 17, 29–47.

Petkevič, Vladimir (1987) "A New Dependency Based Specification of Underlying Representations of Sentences," *Theoretical Linguistics* 14(2/3), 143–172.

Petkevič, Vladimir (1995) "A New Formal Specification of Underlying Structures," *Theoretical Linguistics* 21(1), 7–62.

Pires de Oliveira, Roberta and Jair Martins (2017) "Preliminary Remarks on the Nominal Phrase in Cape Verdean: The Semantics of Bare Nouns Cross-linguistically," *Glossa* 2(1), 100. doi: https://doi.org/10.5334/gjgl.157

Polguère, Alain and Igor Mel'čuk, eds. (2009) *Dependency in Linguistic Description*, Benjamins, Amsterdam.

Pollard, Carl and Ivan A. Sag (1987) *Information-Based Syntax and Semantics*, CSLI Publications, Stanford, CA.

Saito, Shigezaburo (1898) *Practical English Grammar*, Kobunsha, Tokyo. [中村捷 (訳述) (2015)『実用英文典』開拓社，東京.]

Salzmann, Martin (2020) "The NP vs. DP Debate. Why Previous Arguments Are Inconclusive and What a Good Argument Could Look like. Evidence from Agreement with Hybrid Nouns," *Glossa* 5(1), 1–46. doi: https://doi.org/10.5334/gjgl.1123

Seraji, Mojgan, Filip Ginter and Joakim Nivre (2016) "Universal Dependencies for Persian," *Proceedings of the 10th International Conference on Language Resources and Evaluation (LREC 2016)* Portorož, Slovenia. https://www.researchgate.net/publication/309566848_Universal_Dependencies_for_Persian

Sgall, Petr, Eva Hajičova and Jarmila Panevová (1986) *The Meaning of the Sentence in Its Semantic and Pragmatic Aspects*, D. Reidel, Dordrecht/Boston.

Stowell, Timothy (1989) "Subjects, Specifiers, and Xbar Theory," *Alternative Conceptions of Phrase Structure*, ed. by Mark R. Baltin and Anthony S. Kroch, 232–262, University of Chicago Press, Chicago.

Stowell, Timothy (1991) "Determiners in NP and DP," *Views on Phrase Structure*, ed. by Kathleen Leffel and Dennis Bouchard, 37–56, Kluwer, Dordrecht.

Szabó, Zoltán Gendler (2013) *Problems of Compositionality*, Routledge, New York.

Szabó, Zoltán Gendler (2020) "Compositionality," *The Stanford Encyclopedia of Philosophy* (*Fall 2020 Edition*), ed. by Edward N. Zalta. https://plato.stanford.edu/archives/fall2020/entries/compositionality/

鈴木英一・安井泉 (1994)『動詞』研究社，東京.

高見健一・久野暲 (2002)『日英語の自動詞構文—生成文法分析の批判と機能的解析』研究社，東京.

Tesnière, Lucien (1959) *Éléments de syntaxe structural*, Klincksieck, Paris.

Tsarfaty, Reut (2013) "A Unified Morpho-Syntactic Scheme of Stanford Dependencies," *Proceedings of the 51st Annual Meeting of the Association for Computational Linguistics* (*Volume 2: Short Papers*), 578–584, Sofia, Bulgaria. https://aclanthology.org/P13-2103/

Urešová, Zdeňka, Eva Fučíková and Jana Šindlerová (2016) "CzEngVallex: A Bilingual Czech-English Valency Lexicon," *The Prague Bulletin of Mathematical Linguistics* 105, 17–50.

Wertheimer, Max (1945) *Productive Thinking*, Harper, New York / London.

Zeman, Daniel, Joakim Nivre, Mitchell Abrams, et al. (2020) *Universal Dependencies 2.7*, LINDAT / CLARIAH-CZ digital library at the Institute of Formal and Applied Linguistics (ÚFAL), Faculty of Mathematics and Physics, Charles University. http://hdl.handle.net/11234/1-3424

索　引

1. 日本語は五十音順に並べてある．英語（などで始まるもの）はアルファベット順で，最後に一括してある．
2. 数字はページ数を，n は脚注を示す．

[あ行]

[か行]

[さ行]

[た行]

[な行]

[は行]

[ら行]

[英語]

著者紹介

大矢　政徳（おおや　まさのり）

1971年生まれ．明治大学国際日本学部専任教授．博士（学術）（早稲田大学），Master of Science (Dublin City University)，修士（早稲田大学）．大学英語教育学会副代表幹事，環太平洋応用言語学会副会長．専門は言語学（コーパス言語学，依存文法）．趣味はクラフトビール飲み比べ．

主な著書：『英語教育の実践的探究』（共著，渓水社，2015年），*Cross-Cultural Distance Learning: Social and Global Issues*（共著，早稲田総研インターナショナル，2010年）．

主な論文：“Developing a Japanese-English Parallel Corpus of “Japan, the Beautiful and Myself” by Yasunari Kawabata”（*Global Japanese Studies Review, Meiji University* 14(1), 13–26, 2022），“Three Types of Average Dependency Distances of Sentences in a Multilingual Parallel Corpus”（*Proceedings of the 35th Pacific Asia Conference on Language, Information and Computation*, 652–661, 2021），“Syntactic Similarity of the Sentences in a Multi-Lingual Parallel Corpus Based on the Euclidean Distance of Their Dependency Trees”（*Proceedings of the 34th Pacific Asia Conference on Language, Information and Computation*, 225–233, 2021），など．

開拓社叢書35

依存文法概説　　ISBN978-4-7589-1830-5　C3380

著作者　大矢政徳
発行者　武村哲司
印刷所　日之出印刷株式会社

2022年10月22日　第1版第1刷発行©

発行所　株式会社　開拓社

〒112-0013 東京都文京区音羽1-22-16
電話　(03) 5395-7101（代表）
振替　00160-8-39587
http://www.kaitakusha.co.jp